Angst und Depression überwinden durch Neuverdrahtung des Gehirns

Wie Sie Ihren Geist neu trainieren, Ihre Emotionen wieder ins Gleichgewicht bringen und von innen heraus heilen – mithilfe der Wissenschaft der Neuroplastizität

Von Joe Correa

Veröffentlicht von Live Stronger Faster

Dieses Buch dient ausschließlich Bildungs- und Informationszwecken. Der Autor und der Verlag bieten keine rechtliche, finanzielle oder andere professionelle Beratung an. Leser sollten vor finanziellen Entscheidungen einen qualifizierten Fachmann konsultieren.

Erste Auflage.

Inhaltsverzeichnis

Einleitung

Die moderne Welt ist voller unsichtbarer Kämpfe, die im Inneren des Geistes stattfinden. Angstzustände und Depressionen, obwohl sie still und oft missverstanden sind, gehören zu den häufigsten Herausforderungen unserer Zeit. Doch nur wenige Menschen erkennen, dass diese Zustände keine festen oder dauerhaften Identitäten sind – sie stehen in enger Verbindung damit, wie unser Gehirn verdrahtet ist. Noch wichtiger ist, dass diese Verdrahtung verändert werden kann. Das menschliche Gehirn mit seiner außergewöhnlichen Neuroplastizität besitzt den Schlüssel, um Denkmuster, chemische Ungleichgewichte und emotionale Gewohnheiten zu verändern, die uns in Kreisläufen von Angst, Traurigkeit und Hoffnungslosigkeit gefangen halten.

Jeder Gedanke, den wir denken, jede Emotion, die wir fühlen, und jedes Verhalten, das wir wiederholen, schafft und stärkt neuronale Verbindungen. Mit der Zeit werden negative Muster – wie chronische Sorgen oder ständige Selbstkritik – tief verankert und formen die Struktur von Angst und Depression. Doch so wie das Gehirn diese Muster erlernen kann, kann es sie auch wieder verlernen. Mit den richtigen Werkzeugen, einer bewussten inneren Haltung und täglichen Übungen ist es möglich, das Gehirn neu auszurichten – hin zu innerem Gleichgewicht, Ruhe und Widerstandskraft. Die Wissenschaft der Heilung des emotionalen Gehirns basiert nicht allein auf Unterdrückung von Symptomen oder auf Medikamenten – sie basiert auf Transformation.

In diesem Buch lernen Sie die neuesten Erkenntnisse der Neurowissenschaften über Emotionsregulation, Neurochemie und kognitive Flexibilität kennen. Sie erfahren, wie ängstliche Gedanken aus bestimmten neuronalen Netzwerken in der Amygdala und im präfrontalen Kortex entstehen – und wie dieselben Regionen trainiert werden können, mit ruhiger Achtsamkeit statt mit Panik zu reagieren. Sie entdecken, wie depressive Denkmuster aus gestörten Belohnungssystemen und unteraktiven Motivationszentren hervorgehen – und wie einfache mentale und körperliche Methoden diese Systeme wieder aktivieren können. Dasselbe Gehirn, das für Verzweiflung programmiert wurde, kann wieder lernen, Freude zu empfinden.

Die Heilung von Angst und Depression beginnt mit dem Verständnis, dass Emotionen keine Feinde sind – sie sind Signale. Sie zeigen den Zustand Ihrer inneren Welt und die Interpretation Ihres Gehirns von Sicherheit oder Bedrohung. Wenn Sie lernen, diese Signale zu verstehen und anders darauf zu reagieren, beginnen Sie, neue neuronale Wege der Selbstermächtigung zu schaffen. Die moderne Neurowissenschaft bestätigt, dass regelmäßige Übungen wie

Achtsamkeit, Visualisierung, Dankbarkeit und gezielte Aktivierung des Verhaltens das Gehirn physisch verändern können. Diese Veränderungen sind nicht nur theoretisch – sie sind messbar.

Diese Reise handelt nicht von schnellen Lösungen. Sie handelt von täglicher Neuverdrahtung – einem bewussten Prozess, bei dem Sie Ihrem Gehirn neue Gewohnheiten des Denkens und der emotionalen Reaktion beibringen. Sie werden durch die Prinzipien der selbstgesteuerten Neuroplastizität geführt: wie Sie destruktive Gedankenschleifen erkennen, unterbrechen und durch gesündere, anpassungsfähigere neuronale Muster ersetzen. Sie lernen Methoden, die die Stressreaktion des Körpers beruhigen, Neurotransmitter auf natürliche Weise ausbalancieren und eine stabile emotionale Widerstandskraft entwickeln.

Am Ende dieses Buches werden Sie Angst und Depression nicht mehr als zufällige Schicksalsschläge betrachten, die ohne Grund auftreten, sondern als Muster, die Ihr Gehirn gelernt hat – und wieder verlernen kann. Sie werden über Werkzeuge verfügen, um Ihre mentale Landschaft neu zu gestalten, Motivation wiederherzustellen und ein Gefühl von Kontrolle und innerem Frieden zu entwickeln, das zuvor vielleicht unerreichbar schien.

„Angst und Depression überwinden durch Neuverdrahtung des Gehirns“ ist nicht nur ein Leitfaden, um sich besser zu fühlen – es ist ein Handbuch für selbstgesteuerte Heilung. Es ist eine Reise zurück zum ursprünglichen Design des Geistes: einem System, das nicht für Angst oder Verzweiflung geschaffen wurde, sondern für Gleichgewicht, Anpassungsfähigkeit und das unbegrenzte Potenzial zur Erneuerung.

Kapitel 1: Das emotionale Gehirn verstehen

Das menschliche Gehirn ist ein bemerkenswertes Organ – ein komplexes Netzwerk von Neuronen, das ständig elektrische und chemische Signale überträgt und damit alles formt, was wir denken, fühlen und tun. Wenn es um Angst und Depression geht, sind diese mentalen und emotionalen Erfahrungen nicht zufällig oder rein psychologisch; sie sind in bestimmten neurologischen Mustern verwurzelt, die identifiziert, untersucht und verändert werden können. Um Angst und Depression zu überwinden, müssen wir zunächst verstehen, wie das emotionale Gehirn funktioniert und wie es neu trainiert werden kann.

Im Zentrum der emotionalen Verarbeitung liegt eine kleine, mandelförmige Struktur, die Amygdala. Dieser Teil des Gehirns ist dafür verantwortlich, Bedrohungen zu erkennen und die Angstreaktion des Körpers auszulösen. Wenn die Amygdala Gefahr wahrnimmt – real oder eingebildet – signalisiert sie dem Hypothalamus, Stresshormone wie Cortisol und Adrenalin freizusetzen. Diese Chemikalien bereiten den Körper auf Kampf oder Flucht vor. In gesunden Mengen ist diese Reaktion überlebenswichtig. Wenn die Amygdala jedoch überaktiv wird, sendet sie wiederholt falsche

Alarme und hält den Körper in einem nahezu dauerhaften Zustand von Anspannung und Wachsamkeit. Dies bildet die neurologische Grundlage von Angst.

Im Gegensatz dazu hängt Depression mit einer Störung in einem anderen wichtigen Bereich des Gehirns zusammen – dem präfrontalen Kortex, der Motivation, Entscheidungsfindung und Konzentration steuert. Wenn dieser Bereich unteraktiv wird, fällt es schwerer, Freude zu empfinden, Motivation zu verspüren oder Hoffnung für die Zukunft zu sehen. Gleichzeitig produzieren die Belohnungszentren des Gehirns, darunter der Nucleus accumbens und das ventrale tegmentale Areal, weniger Dopamin – den Neurotransmitter, der für Motivation und Freude verantwortlich ist. Dieses chemische Ungleichgewicht verstärkt Gefühle von Hilflosigkeit und Gleichgültigkeit.

Die moderne Neurowissenschaft hat gezeigt, dass diese Zustände nicht dauerhaft sind. Durch Neuroplastizität kann das Gehirn neue neuronale Verbindungen bilden und positive Netzwerke stärken, während negative geschwächt werden. Das bedeutet, dass selbst Menschen, die jahrelang mit Angst oder Depression gelebt haben, die Fähigkeit ihres Gehirns zur Veränderung behalten. So wie ein Muskel durch regelmäßige Nutzung stärker wird, können neuronale Wege, die mit Ruhe,

Fokus und Dankbarkeit verbunden sind, durch bewusstes mentales Training aufgebaut werden.

Eine der wichtigsten Entdeckungen in diesem Bereich ist, dass Gedanken selbst eine physische Kraft besitzen. Jedes Mal, wenn Sie einen Gedanken denken, feuern Neuronen gemeinsam, und wenn dies wiederholt geschieht, verbinden sie sich miteinander. Eine Person, die ständig Sorgen macht, verstärkt unbewusst den „Angstkreislauf", während jemand, der ruhiges Denken übt, neuronale Wege der emotionalen Regulierung stärkt. Deshalb sind Achtsamkeit und kognitive Neubewertung so wirkungsvolle Werkzeuge – sie lenken die Aufmerksamkeit um, schwächen alte Gedankenschleifen und ermöglichen dem Gehirn, neue Verbindungen zu schaffen, die mit Sicherheit und Optimismus verbunden sind.

Das Verständnis des emotionalen Gehirns erfordert auch ein Bewusstsein für die Verbindung zwischen Körper und Geist. Das Nervensystem und das Immunsystem kommunizieren ständig über Hormone, Peptide und Neurotransmitter miteinander. Chronischer Stress verursacht Entzündungen im gesamten Körper, was wiederum die Stimmung verschlechtert und die Gehirnfunktion beeinträchtigt. Umgekehrt reduziert das Beruhigen des Körpers durch tiefe Atmung, Bewegung und ausreichend Schlaf entzündliche Prozesse und hilft, emotionale Stabilität wiederherzustellen. Was den Körper beeinflusst, beeinflusst auch den Geist – und was den Geist heilt, heilt auch den Körper.

Die Heilung von Angst und Depression bedeutet nicht, Emotionen zu löschen, sondern zu lernen, sie zu verstehen und zu regulieren. Emotionen sind Signale – Botschaften des Gehirns, die darauf hinweisen, dass etwas Aufmerksamkeit benötigt. Angst signalisiert ein wahrgenommenes Fehlen von Sicherheit. Depression signalisiert Erschöpfung und Trennung. Wenn wir lernen, diese Botschaften ohne Urteil wahrzunehmen, können wir bewusst handeln, statt unbewusst zu reagieren. Hier wird Selbstbewusstsein zur Medizin.

Der erste Schritt zur Heilung ist Beobachtung ohne Widerstand. Beobachten Sie Ihre ängstlichen oder depressiven Gedanken, als würden Sie Wolken beobachten, die am Himmel vorbeiziehen. Anstatt sich mit ihnen zu identifizieren („Ich bin ängstlich"), beobachten Sie sie („Da ist Angst"). Diese subtile Veränderung trennt Ihr Selbstgefühl von der Emotion und gibt Ihnen Raum für eine bewusste Reaktion. Neurowissenschaftlich gesehen aktiviert dies den präfrontalen Kortex und reduziert die Reaktivität der Amygdala, wodurch messbare Ruhe im Gehirn entsteht.

Durch tägliche Praxis – sei es Achtsamkeit, Tagebuchschreiben, Dankbarkeitsreflexion oder Bewegung –

lehren Sie Ihrem Gehirn, dass Sicherheit und Freude der neue Normalzustand sind. Mit der Zeit werden die neuronalen Wege des Friedens stärker als die Wege der Angst. So wie das Gehirn einst Angst und Depression gelernt hat, kann es nun Ruhe und Selbstvertrauen lernen. Das ist die Grundlage der Neuverdrahtung des Gehirns.

Wenn Sie in diesem Buch weiterlesen, denken Sie daran: Sie sind nicht kaputt. Ihr Gehirn tut lediglich das, was es gelernt hat, um Sie zu schützen. Das Ziel ist, es neu zu trainieren – es zu neuen Mustern zu führen, die Wohlbefinden statt Angst unterstützen. Sie werden lernen, wie Sie Ihren Geist bewusst einsetzen, Ihre Neurochemie auf natürliche Weise ausgleichen und wieder Kontrolle über Ihre emotionalen Reaktionen gewinnen. Das Gehirn, das Sie einst gefangen hielt, wird zum Instrument Ihrer Freiheit werden.

Marias emotionales Gehirn verstehen

Das leise Summen des Kühlschranks war das einzige Geräusch in der Wohnung. Maria saß an ihrem Küchentisch und starrte auf ihre Tasse Tee. Der Dampf war längst verschwunden, doch sie hatte keinen Schluck genommen. Seit Wochen fühlten sich die Morgen an, als müsste sie einen Berg erklimmen. Früher war sie früh aufgestanden, hatte Spaziergänge gemacht und ihre Freunde vor der Arbeit angerufen. In letzter Zeit kostete es sie all ihre Kraft, überhaupt aus dem Bett zu kommen.

Ihre Gedanken kreisten unaufhörlich. *Warum kann ich mich nicht einfach normal fühlen? Warum wirkt alles so schwer?* Je mehr sie versuchte, diese Gedanken zu verdrängen, desto lauter wurden sie. Ihre Brust zog sich zusammen, ihr Herz raste, und ihre Hände zitterten. Die Angst kam plötzlich, als würde irgendwo tief in ihr ein Schalter umgelegt.

Sie erinnerte sich daran, dass ihre Therapeutin einmal gesagt hatte: „Dein Gehirn versucht dich zu schützen, selbst wenn es sich so anfühlt, als würde es dich angreifen.“ Dieser Satz blieb in ihrem Kopf hängen. Damals hatte er keinen Sinn ergeben, doch jetzt, während sie allein saß, fragte sie sich, ob vielleicht etwas Wahres daran war. Vielleicht war ihr Gehirn nicht kaputt – vielleicht steckte es einfach fest.

An diesem Abend beschloss Maria, nach Antworten zu suchen. Sie öffnete ihren Laptop und begann zu lesen, wie das Gehirn funktioniert. Sie entdeckte die Amygdala und wie sie auf Gefahr reagiert – ob real oder eingebildet. Die Worte beschrieben sie perfekt: eine überaktive Amygdala, die falsche Alarme sendet und den Körper in ständiger Angst hält. Zum ersten Mal verstand sie, dass ihre Angst nicht ihre Schuld war – es war Biologie, und Biologie konnte sich verändern.

Am nächsten Tag begann sie mit kleinen Schritten. Als ihr Herz zu rasen begann, geriet sie nicht mehr sofort in Panik. Stattdessen flüsterte sie: „Es ist nur meine Amygdala, die versucht, mich zu schützen." Sie atmete tief ein und konzentrierte sich darauf, wie ihre Füße den Boden berührten. Langsam ließ die Panik nach. Sie war nicht verschwunden, aber etwas hatte sich verändert – sie spürte einen Hauch von Kontrolle.

In den folgenden Wochen begann Maria, Tagebuch zu schreiben. Jeden Abend notierte sie ihre Sorgen und eine positive Sache aus dem Tag. Anfangs fühlte sich das seltsam an, doch bald bemerkte sie Muster. Bestimmte Gedanken lösten Angst aus. Bestimmte Lebensmittel oder schlaflose Nächte verschlechterten ihre Stimmung. Je mehr sie beobachtete, desto besser verstand sie die Sprache ihres eigenen Gehirns.

Sie stellte fest, dass ihr Körper ruhiger wurde, wenn sie zehn Minuten meditierte. Wenn sie draußen spazieren ging, verbesserte sich ihre Stimmung. Wenn sie vor dem Schlafengehen beruhigende Musik hörte, schlief sie tiefer. Das waren kleine Experimente der Neuroplastizität – einfache Handlungen, die ihrem Gehirn neue Verbindungen beibrachten. Anstatt Morgen mit Angst zu verbinden, begann ihr Gehirn, sie mit Ruhe zu verknüpfen.

Monate vergingen. Die Angst, die einst ihren Alltag beherrscht hatte, verlor allmählich ihre Macht. Schwierige Momente gab es noch, doch sie bestimmten nicht mehr ihr Leben. Eines Morgens stand sie am Fenster, während die Sonne ihr Gesicht wärmte. Sie bemerkte, dass sie seit Tagen dieses erdrückende Gewicht in ihrer Brust nicht mehr gespürt hatte. Ihr Geist, einst ihr schlimmster Feind, war zu ihrem Verbündeten geworden.

Marias Geschichte ist nicht einzigartig – sie ist die Geschichte unzähliger Menschen, die lernen, ihr Gehirn neu zu verdrahten. Indem sie das emotionale Gehirn verstand, erkannte sie, dass Heilung nicht darin besteht, Gedanken zu bekämpfen, sondern sie neu zu trainieren. Ihre Reise wurde zum Beweis für die Fähigkeit des Gehirns, sich selbst zu heilen – ein bewusster Gedanke nach dem anderen.

Sie glaubte nicht länger, dass sie kaputt war. Sie hatte die Wahrheit gelernt: Dasselbe Gehirn, das ihren Schmerz erschaffen hatte, konnte auch ihren Frieden erschaffen.

Kapitel 2: Das Gehirn für Ruhe und Gleichgewicht neu verdrahten

Die außergewöhnlichste Eigenschaft des Gehirns ist seine Fähigkeit, sich als Reaktion auf Erfahrungen zu verändern. Dieses Phänomen, bekannt als Neuroplastizität, bildet die Grundlage emotionaler Heilung. Ob Angst zu einem ständigen Begleiter geworden ist oder Depression die Freude am Leben gedämpft hat – Neuroplastizität bedeutet, dass die Muster, die Sie festhalten, neu verdrahtet werden können. Die Kreisläufe von Angst, Sorge oder Traurigkeit sind nicht dauerhaft; sie sind Gewohnheiten von Gedanken und chemischen Prozessen. So wie sie gelernt wurden, können sie auch wieder verlernt werden.

Um das Gehirn auf Ruhe auszurichten, besteht der erste Schritt darin, die Schleife zu verstehen, die emotionales Leiden aufrechterhält. Jede Episode von Angst oder Depression folgt einem Muster: ein Auslöser, ein Gedanke, eine körperliche Reaktion und eine Verhaltensreaktion. Ein ängstliches Gehirn könnte beispielsweise einen kleinen Fehler bei der Arbeit als Katastrophe interpretieren („Ich werde gefeuert"), was zu Herzrasen und vermeidendem Verhalten führt. Diese Schleife wird jedes Mal stärker, wenn sie sich wiederholt. Das Ziel der Neuverdrahtung des Gehirns ist es, diesen Kreislauf zu unterbrechen und durch einen neuen zu ersetzen – einen Kreislauf aus Bewusstsein, Ruhe und rationalem Denken.

Eines der wirkungsvollsten Werkzeuge dafür ist Achtsamkeit. Wenn sie regelmäßig praktiziert wird, verlagert Achtsamkeit die Gehirnaktivität von der Amygdala (dem Bedrohungszentrum) zum präfrontalen Kortex (dem Zentrum für Vernunft und Selbstkontrolle). Studien mit bildgebenden Verfahren des Gehirns zeigen, dass Achtsamkeit den präfrontalen Kortex tatsächlich verdickt, die emotionale Regulation verbessert und die Intensität negativer Emotionen reduziert. Durch konsequente Praxis trainieren Sie Ihr Gehirn, in Situationen ruhig zu bleiben, die früher Panik oder Verzweiflung ausgelöst hätten.

Um zu beginnen, wählen Sie ein oder zwei tägliche Momente für die Praxis. Das kann beim morgendlichen Tee sein oder kurz vor dem Einschlafen. Richten Sie Ihre volle Aufmerksamkeit auf Ihren Atem, die Empfindungen in Ihrem Körper und den Rhythmus des gegenwärtigen Moments. Wenn Gedanken auftauchen, beobachten Sie sie, ohne sie als gut oder schlecht zu bewerten. Jedes Mal, wenn Sie Ihre Aufmerksamkeit sanft zurück in den Moment lenken, schaffen Sie neue neuronale Wege, die Klarheit statt Chaos begünstigen.

Neben Achtsamkeit spielt auch kognitive Neubewertung eine entscheidende Rolle bei der Neuverdrahtung des Gehirns. Kognitive Neubewertung bedeutet, verzerrte Gedanken zu erkennen und sie durch realistische, ausgewogene Perspektiven zu ersetzen. Der Gedanke „Ich werde niemals besser werden" kann zum Beispiel umformuliert werden zu „Ich lerne zu heilen, und Fortschritt braucht Zeit." Jeder neu formulierte Gedanke schwächt die neuronale Verbindung, die Verzweiflung nährt, und stärkt diejenigen, die mit Hoffnung und Selbstvertrauen verbunden sind. Mit der Zeit werden diese neuen Verbindungen zur Standardverdrahtung des Gehirns.

Bewegung beschleunigt ebenfalls die Neuverdrahtung des Gehirns. Körperliche Aktivität erhöht die Durchblutung des Gehirns und setzt neurotrophe Faktoren wie BDNF (Brain-Derived Neurotrophic Factor) frei – eine Substanz, die das Wachstum und die Verbindung von Neuronen unterstützt. Dieser biologische Schub hilft dem Gehirn, sich schneller an neue mentale Gewohnheiten anzupassen. Selbst leichte Aktivitäten wie Spazierengehen oder Dehnen erhöhen den Dopamin- und Serotoninspiegel und gleichen die Stimmung auf natürliche Weise aus.

Ein weiterer wichtiger Pfeiler neuronaler Heilung ist Dankbarkeit. Dankbarkeit aktiviert das Belohnungssystem des

Gehirns und wirkt der gewohnheitsmäßigen Negativitätsverzerrung entgegen, die durch Angst und Depression entsteht. Wenn Sie bewusst Dinge auflisten, für die Sie dankbar sind – selbst kleine – beginnt Ihr Gehirn, Positives leichter wahrzunehmen. Die neuronalen Wege, die mit Wertschätzung verbunden sind, werden stärker, während diejenigen, die mit Angst und Mangel verbunden sind, schwächer werden. Diese Praxis bedeutet nicht, Schmerz zu ignorieren; sie bedeutet, den Fokus auf das zu richten, was Resilienz stärkt.

Auch Schlaf und Ernährung beeinflussen die Neuroplastizität erheblich. Während des Tiefschlafs konsolidiert das Gehirn neue neuronale Muster und entfernt stressbedingte Toxine. Eine Ernährung, die reich an Omega-3-Fettsäuren, Antioxidantien und Mineralstoffen wie Magnesium ist, unterstützt das Gleichgewicht der Neurotransmitter. Darm und Gehirn stehen über den Vagusnerv in direkter Verbindung, was bedeutet, dass das, was Sie essen, direkt beeinflusst, wie Sie sich fühlen. Gesunde Darmbakterien produzieren Serotonin – eine der wichtigsten chemischen Substanzen für die Regulierung der Stimmung.

Vielleicht der am meisten unterschätzte Aspekt der Neuverdrahtung des Gehirns ist der innere Dialog. Jedes innere Wort sendet ein chemisches Signal durch den Körper.

Harte Selbstkritik löst Stressreaktionen aus, während mitfühlendes Selbstgespräch das parasympathische Nervensystem aktiviert – das System der Ruhe und Reparatur. Die Veränderung Ihres inneren Dialogs kann sich anfangs ungewohnt anfühlen, doch Wiederholung verändert den neuronalen Tonus. Mit der Zeit wird Ihre innere Stimme zu einer Quelle der Stärke statt des Urteils.

Das Gehirn für Ruhe und Gleichgewicht neu zu verdrahten erfordert mehr Beständigkeit als Intensität. Kleine, tägliche Handlungen sind wirksamer als gelegentliche große Anstrengungen. Das Gehirn verändert sich durch Wiederholung, nicht durch Zwang. Jedes Mal, wenn Sie ein altes Muster unterbrechen und durch Bewusstsein ersetzen, jedes Mal, wenn Sie Ruhe statt Chaos wählen, formen Sie Ihre neuronale Architektur in Richtung Heilung.

Der Prozess besteht nicht darin, jemand völlig Neues zu werden – sondern zu Ihrem natürlichen Zustand von Frieden und Stabilität zurückzukehren. Sie wurden mit einem Gehirn geboren, das auf Neugier, Verbindung und Kreativität ausgerichtet ist. Stress und Schmerz im Leben mögen diese Klarheit überlagert haben, doch sie ist immer noch in Ihnen vorhanden. Durch tägliche Praxis und Verständnis können Sie diese ursprüngliche Ruhe wieder zum Vorschein bringen.

Daniels Gehirn neu verdrahten

Der Regen klopfte sanft gegen das Fenster, während Daniel an seinem Schreibtisch saß und fast zwanzig Minuten lang auf dieselbe E-Mail starrte. Sein Geist war vernebelt, Gedanken verhedderten sich wie Kabel. Angst hatte ihn jahrelang überall begleitet – bei der Arbeit, zu Hause, sogar in Momenten, die eigentlich friedlich sein sollten. Er konnte sich nicht erinnern, wann er sich das letzte Mal wirklich ruhig gefühlt hatte.

Eines Abends, erschöpft vom ständigen mentalen Lärm, stieß er auf einen Artikel über die Neuverdrahtung des Gehirns. Die Vorstellung, dass seine Angst kein dauerhafter Makel war, sondern ein Muster, das sein Gehirn gelernt hatte, faszinierte ihn. Er las, dass das Gehirn seine Struktur durch Achtsamkeit und bewusste Gedanken verändern kann. Es klang unmöglich, und doch regte sich etwas in ihm – ein leiser Funke Hoffnung, den er seit Jahren nicht mehr gespürt hatte.

Am nächsten Morgen setzte sich Daniel, bevor er seinen Laptop öffnete, fünf Minuten lang still hin. Seine einzige Aufgabe war zu atmen. Zuerst rasten seine Gedanken schneller als je zuvor: *Das ist sinnlos. Du wirst dich nie entspannen.* Doch er erinnerte sich an die Worte des Artikels – beobachte ohne zu urteilen. Also tat er es. Er ließ die Gedanken kommen und gehen wie Wellen. In der dritten Minute bemerkte er, dass seine Schultern gesunken waren. Sein Atem wurde langsamer. Es war noch kein Frieden, aber es war anders.

In der folgenden Woche übte Daniel weiter. Er begann zu bemerken, wie sein Körper auf Stress reagierte – sein Kiefer spannte sich an, sein Herz raste, sein Magen zog sich zusammen. Statt dagegen anzukämpfen, begann er, es zu benennen: „Da ist Spannung", „Da ist Sorge." Jedes Wort schuf einen kleinen Raum zwischen seinen Gedanken und seiner Identität. Dieser Raum wurde zu seiner Kraft.

Als er bei der Arbeit einen Fehler machte, meldete sich die alte Stimme wieder – *Du bist unfähig*. Doch diesmal hielt Daniel inne und fragte: „Stimmt das wirklich?" Er erkannte, dass es nicht stimmte. Es war nur eine alte mentale Aufnahme. Also ersetzte er sie durch: „Jeder macht Fehler. Ich lerne." Es fühlte sich zunächst unbeholfen an, sogar unecht, doch etwas in ihm wurde dadurch weicher. Mit der Zeit wurden diese neuen Gedanken zu seiner inneren Sprache.

Er begann auch, nach dem Abendessen spazieren zu gehen, statt durch sein Telefon zu scrollen. Anfangs tat er es nur, um die Zeit zu vertreiben. Doch nach einer Woche bemerkte er etwas Erstaunliches – während dieser Spaziergänge wurden seine Gedanken ruhiger. Sein Körper fühlte sich leichter an. Er begann besser zu schlafen. Als er erfuhr, dass Gehen die

Neuroplastizität fördert, musste er lächeln. Es fühlte sich an, als würde sein Gehirn ihm langsam wieder vertrauen.

Monate vergingen. Daniels Kollegen bemerkten, dass er ruhiger und konzentrierter wirkte. Die gleichen Aufgaben, die ihn früher in Panik versetzt hatten, taten das nicht mehr. Er war der Angst nicht vollständig entkommen – manchmal besuchte sie ihn noch – aber jetzt wusste er, was zu tun war. Er setzte sich still hin, atmete tief durch und erinnerte sich daran, dass der Sturm vorübergehen würde. Und das tat er immer.

Eines Nachts, als er im Bett lag, wurde Daniel bewusst, wie viel sich verändert hatte. Sein Gehirn, einst sein Gefängnis, war zu seinem Schüler geworden. Es hatte neue Muster gelernt – Muster der Geduld, der Präsenz und des Mitgefühls. Die Neuverdrahtung hatte Zeit gebraucht, doch sie funktionierte.

Er flüsterte in die Dunkelheit: „Es ist möglich, sich zu verändern." Der Gedanke fühlte sich nicht mehr erzwungen an. Er fühlte sich wahr an. Sein Geist, einst die lauteste Quelle seiner Angst, lernte nun, den stillen Rhythmus des Friedens zu singen.

Kapitel 3: Den Kreislauf negativer Gedanken durchbrechen

Jede Erfahrung, die wir machen – jede Emotion, Erinnerung und Gewohnheit – beginnt mit einem Gedanken. Gedanken sind die Bausteine unserer Wahrnehmung und formen, wie wir die Realität interpretieren. Bei Angst und Depression gerät das Gehirn häufig in wiederkehrende Kreisläufe negativer Gedanken. Diese Kreisläufe stärken bestimmte neuronale Netzwerke, die Angst, Selbstzweifel, Schuld oder Hoffnungslosigkeit verstärken. Diesen Kreislauf zu durchbrechen bedeutet nicht, diese Gedanken zu ignorieren, sondern zu lernen, sie zu beobachten, zu hinterfragen und neu zu gestalten.

Negatives Denken folgt oft vorhersehbaren Mustern, die als **kognitive Verzerrungen** bekannt sind. Dabei handelt es sich um mentale Filter, die die Realität verzerren, Probleme größer erscheinen lassen und Positives kleiner. Zu den häufigsten Verzerrungen gehören Katastrophisieren („Alles wird schiefgehen"), Übergeneralisierung („Das passiert mir immer"), Gedankenlesen („Sie denken bestimmt, dass ich ein Versager bin") und Schwarz-Weiß-Denken („Wenn ich nicht perfekt bin, bin ich wertlos"). Diese verzerrten Gedanken senden Signale von Gefahr und Versagen an das Gehirn und aktivieren Stressreaktionen, selbst wenn keine reale Bedrohung besteht.

Der erste Schritt, um diesen Kreislauf zu durchbrechen, ist **Bewusstsein**. Beginnen Sie damit, Ihre automatischen Gedanken wahrzunehmen, ohne sofort darauf zu reagieren. Schreiben Sie sie auf, sobald sie auftauchen. Wenn Sie Gedanken auf Papier sehen, entsteht eine Distanz – subjektives Gedankenrauschen wird zu objektiven Informationen. Durch dieses Externalisieren aktivieren Sie den präfrontalen Kortex, der für logisches Denken und Bewertung zuständig ist, während die emotionale Alarmreaktion der Amygdala abnimmt.

Der nächste Schritt ist die **kognitive Umstrukturierung**. Hinterfragen Sie die Gültigkeit Ihrer Gedanken mit Fragen wie:

- Ist dieser Gedanke zu 100 % wahr?
- Welche Beweise unterstützen ihn – und welche widersprechen ihm?
- Betrachte ich diese Situation aus Angst oder aus Fakten heraus?
- Was würde ich einem geliebten Menschen sagen, der denselben Gedanken hat?

Jedes Mal, wenn Sie diesen reflektierenden Prozess durchführen, schwächen Sie die neuronalen Verbindungen des alten Musters und schaffen neue, ausgewogenere. Das Ziel ist nicht, jeden negativen Gedanken durch einen positiven zu ersetzen, sondern das Gehirn zu trainieren, die Realität klarer zu sehen.

Die Neurowissenschaft bestätigt, dass **Gedankenmuster direkt die Gehirnchemie beeinflussen**. Wiederholtes negatives Denken erhöht Cortisol und Adrenalin – Stresshormone – während Serotonin und Dopamin, die die Stimmung regulieren, reduziert werden. Ausgewogene oder positive Gedanken hingegen fördern die Freisetzung von Endorphinen und Oxytocin, natürlichen Stimmungsstabilisatoren. Diese biochemische Veränderung unterstützt die physische Neuverdrahtung des Gehirns in Richtung Resilienz und Ruhe.

Eine praktische Übung ist das **„Gedanke–Emotion–Handlung“-Tagebuch**. Teilen Sie eine Seite in drei Spalten:

Gedanke: „Ich schaffe das nicht.“
Emotion: „Angst, Traurigkeit.“
Handlung: „Ich vermeide die Aufgabe.“

Schreiben Sie danach eine alternative Version:

Neuer Gedanke: „Ich kann Schritt für Schritt damit umgehen."
Gewünschte Emotion: „Ruhe, Fokus."
Neue Handlung: „Ich beginne mit einem kleinen Schritt."

Diese Übung zeigt Ihrem Gehirn, dass jeder Gedanke eine Kettenreaktion auslöst – und dass Sie diese unterbrechen und neu ausrichten können.

Ein weiteres wirksames Werkzeug ist **Visualisierung**. Das Gehirn unterscheidet nur begrenzt zwischen Vorstellung und realer Erfahrung. Wenn Sie sich vorstellen, wie Sie Herausforderungen mit Ruhe und Selbstvertrauen meistern, aktivieren Sie dieselben neuronalen Netzwerke, als würden Sie diese Situation tatsächlich erleben. Mit der Zeit werden diese Netzwerke stärker, und Ihre tatsächlichen Reaktionen beginnen Ihrer Vorstellung zu folgen.

Auch **Achtsamkeitsmeditation** unterstützt diesen Prozess. Wenn während der Meditation negative Gedanken auftauchen, ist das Ziel nicht, sie zu stoppen, sondern sie vorbeiziehen zu lassen. Sie können innerlich „denken" sagen und Ihre Aufmerksamkeit sanft wieder auf den Atem richten. Diese Wiederholung trainiert das Gehirn, sich nicht mehr vollständig mit Gedanken zu identifizieren, und schafft Raum zwischen Reiz und Reaktion. Mit der Zeit wird der Geist ruhiger und alte Muster verlieren an Kraft.

Das Durchbrechen negativer Kreisläufe erfordert außerdem **mitfühlende Neugier**. Viele Menschen werden wütend auf sich selbst, wenn sie negative Gedanken haben, was den Kreislauf nur verstärkt. Betrachten Sie jeden Gedanken stattdessen wie eine Botschaft eines verängstigten Teils Ihres Gehirns, der Sicherheit sucht. Reagieren Sie mit Freundlichkeit statt mit Widerstand. Diese Haltung aktiviert neuronale Netzwerke, die mit Empathie und Sicherheit verbunden sind, und schafft innere Harmonie.

Schließlich ist **Beständigkeit entscheidend**. Das Gehirn lernt durch Wiederholung. Jedes Mal, wenn Sie einen verzerrten Gedanken hinterfragen, ein besseres Ergebnis visualisieren oder Neugier statt Selbstkritik wählen, lehren Sie Ihrem Gehirn eine neue Denkweise. Langsam verändern sich Ihre mentalen Standardmuster. Was früher Panik oder Verzweiflung auslöste, wird handhabbar oder sogar neutral. Das Gehirn beginnt, Frieden als seinen Grundzustand zu erkennen.

Den Kreislauf negativer Gedanken zu durchbrechen bedeutet nicht, immer positiv zu sein – sondern **klar zu sehen**. Klarheit löst Verzerrungen auf. Wenn Sie lernen, anders zu denken, folgen Ihre Emotionen diesem Wandel, und Ihr Verhalten verändert sich ebenfalls. Mit der Zeit erkennen Sie, dass das Gefängnis der Gedanken nie verschlossen war – Sie mussten nur den Schlüssel wiederfinden.

Elenas Geschichte

Die Sonne war gerade aufgegangen, als Elena am Fenster saß und ihre Hände fest um eine Tasse Kaffee schloss. Die Luft war still, doch ihre Gedanken waren es nicht. Sie bewegten sich wie ein Sturm – schnell, laut und unkontrollierbar. *Du bist bei der Arbeit im Rückstand. Gestern hast du das Falsche gesagt. Du bist nicht gut genug.* Dieselbe Stimme begleitete sie seit Jahren und flüsterte Zweifel, bis sie ihnen glaubte.

Sie verstand nicht, warum sie nicht aufhörte. Egal wie viele gute Dinge geschahen – eine freundliche Nachricht von einer Freundin, ein Lob ihres Chefs – die Negativität übertönte alles. Es war, als hätte ihr Geist einen Filter geschaffen, der nur Kritik durchließ. Oft fragte sie sich, ob sie einfach so war – jemand, der dazu bestimmt war, zu viel zu denken und sich ständig Sorgen zu machen.

Eines Tages, nach einer weiteren schlaflosen Nacht, hörte Elena einen Podcast, in dem ein Neurowissenschaftler erklärte, wie Gedanken das Gehirn physisch formen. Er verglich neuronale Verbindungen mit Wegen in einem Wald: Je öfter ein Weg gegangen wird, desto deutlicher wird er. Wenn man immer wieder denselben negativen Weg geht, wird er leichter zu finden. Doch wenn man neue Wege schafft – neue Arten zu denken – beginnen die alten zu verschwinden.

Diese Metapher traf sie tief. Sie beschloss, es auszuprobieren. Als ihr Geist das nächste Mal flüsterte: *Du wirst scheitern*, schrieb sie den Gedanken auf. Darunter fragte sie: *Ist das wirklich wahr?* Sie konnte keinen Beweis finden. Die Angst war stark, aber sie beruhte nicht auf Fakten. Also ersetzte sie den Gedanken durch: *Vielleicht bin ich nicht perfekt, aber ich kann mich verbessern*. Anfangs fühlte sich das schwach an, doch etwas daran gab ihr Halt.

Sie begann, ein kleines Notizbuch in ihrer Tasche zu tragen. Jedes Mal, wenn ein negativer Gedanke auftauchte, schrieb sie ihn auf, hinterfragte ihn und ersetzte ihn. Innerhalb weniger Wochen bemerkte sie Muster: Die meisten ihrer Ängste drehten sich um Ablehnung und Perfektion. Dieses Muster zu erkennen gab ihr Macht – es war nicht länger unsichtbar.

Eines Nachmittags probierte sie eine neue Übung aus einem Buch aus: die Visualisierung ihres ruhigen Selbst. Sie schloss die Augen und stellte sich vor, wie sie in ein stressiges Meeting ging, tief atmete und klar sprach. Als sie die Augen öffnete, fühlte sich ihr Körper leichter an. Zum ersten Mal erkannte sie, dass sie ihr Gehirn nicht nur trainieren konnte, anders zu denken, sondern auch anders zu fühlen.

Monate vergingen. Die alten Stimmen tauchten noch auf, doch sie klangen leiser, schwächer. Wenn eine auftauchte – *Du machst nicht genug* – lächelte sie und antwortete leise: „Danke, dass du mich schützen willst, aber es geht mir gut." Es war seltsam, so mit sich selbst zu sprechen, aber es funktionierte. Ihr innerer Kritiker fühlte sich nicht mehr wie ein Feind an. Er war nur ein Echo eines alten Programms, das sie nicht mehr brauchte.

Eines Morgens, als sie durch den Park ging und Sonnenlicht durch die Bäume fiel, bemerkte Elena, dass sich der Wald in ihrem Geist verändert hatte. Die alten Wege aus Angst und Selbstvorwürfen verblassten. An ihrer Stelle entstanden neue Pfade – Wege aus Selbstvertrauen, Ruhe und stiller Selbstsicherheit.

Sie hatte ihre Gedanken nicht gelöscht – sie hatte sie **verwandelt**. Und damit hatte sie sich selbst verwandelt. Der Sturm, der einst ihren Geist beherrschte, hatte endlich gelernt zu ruhen.

Kapitel 4: Emotionale Auslöser und Reaktionen heilen

Emotionale Auslöser sind unsichtbare „Knöpfe“, die – wenn sie gedrückt werden – Körper und Geist mit intensiven Reaktionen überfluten können: Wut, Angst, Scham, Traurigkeit oder Nervosität. Diese Reaktionen fühlen sich oft automatisch an, doch sie sind nicht zufällig. Es handelt sich um gelernte Antworten, die im emotionalen Gedächtnissystem des Gehirns gespeichert sind, insbesondere in der Amygdala und im Hippocampus. Wenn das Gehirn eine Situation wahrnimmt, die einer früheren emotionalen Verletzung ähnelt, reagiert es so, als würde die alte Bedrohung erneut stattfinden. Emotionale Auslöser zu heilen ist einer der transformierendsten Schritte, um das Gehirn auf Frieden und Widerstandskraft neu auszurichten.

Um Auslöser zu verstehen, muss man zunächst erkennen, dass die Hauptfunktion des Gehirns das **Überleben** ist. Das limbische System, das für die Verarbeitung von Emotionen verantwortlich ist, scannt ständig die Umgebung nach Gefahren. Wenn es eine vertraute Bedrohung erkennt – ob physisch oder emotional – aktiviert es dieselben neuronalen Schaltkreise, die einst Schutz geboten haben. Wenn beispielsweise Kritik in der Kindheit Gefühle von Demütigung oder Angst ausgelöst hat, kann ähnliche Kritik im Erwachsenenalter dieselben emotionalen Bahnen aktivieren – selbst wenn die aktuelle Situation harmlos ist. Die Reaktion fühlt sich sofort an, weil die Amygdala rationales Denken umgeht und den Körper mit Stresshormonen überflutet, bevor der präfrontale Kortex eingreifen kann.

Der Schlüssel zur Heilung emotionaler Auslöser ist **Bewusstsein ohne Bewertung**. Anstatt die Emotion zu unterdrücken oder impulsiv zu reagieren, lernen Sie, innezuhalten und zu beobachten. Wenn ein Auslöser auftaucht, achten Sie auf die Empfindungen in Ihrem Körper. Schlägt Ihr Herz schneller? Spannen sich Ihre Schultern an? Spüren Sie Hitze, Druck oder ein sinkendes Gefühl im Magen? Jede dieser Empfindungen ist ein Signal Ihres Nervensystems. Indem Sie diese Signale beobachten statt unterdrücken, aktivieren Sie den präfrontalen Kortex und bringen Logik und Ruhe wieder ins Spiel.

Dieser Prozess wird **emotionale Regulation** genannt und steht im Zentrum der Heilung. Wenn Sie bewusst statt automatisch reagieren, schaffen Sie neue neuronale Wege – solche, die den Auslöser mit Sicherheit statt mit Gefahr verbinden. Mit der Zeit lernt die Amygdala, ihre falschen Alarme zu reduzieren. Neurowissenschaftler nennen diesen

Prozess **Extinktionslernen**: Das Gehirn erkennt, dass ein früherer Reiz keine Bedrohung mehr bedeutet.

Eine praktische Methode zum Umgang mit emotionalen Auslösern ist die **Pause–Atmen–Reflektieren-Technik**:

Pause: Wenn Sie sich ausgelöst fühlen, tun Sie einige Sekunden lang nichts. Diese Unterbrechung durchbricht den automatischen Reaktionszyklus.

Atmen: Atmen Sie langsam und tief. Atmen Sie vier Sekunden lang durch die Nase ein, halten Sie den Atem vier Sekunden und atmen Sie sechs Sekunden aus. Das signalisiert dem Vagusnerv Sicherheit und bringt den Körper aus dem Kampf-oder-Flucht-Modus heraus.

Reflektieren: Fragen Sie sich, mit welcher Erinnerung oder Überzeugung diese Emotion verbunden sein könnte. Oft ist das aktuelle Ereignis nur ein Spiegel einer alten Verletzung.

Sobald Sie Ihre zentralen Auslöser erkannt haben, folgt der nächste Schritt: **Neuassoziation**. Dabei wird der Auslöser mit neuen Erfahrungen von Ruhe und Sicherheit verbunden. Wenn beispielsweise Zurückweisung Angst auslöst, erinnern Sie sich bewusst an Momente von Akzeptanz und Unterstützung, während Sie diese Emotion erleben. Stellen Sie sich vor, dass jemand Sie unterstützt oder Ihnen Mut zuspricht. Mit der Zeit lernt Ihr Gehirn, den Auslöser nicht mehr mit Bedrohung, sondern mit Stabilität und Stärke zu verbinden.

Ein weiteres hilfreiches Werkzeug ist **somatische Achtsamkeit** – das Arbeiten mit Emotionen über den Körper. Emotionen sind nicht nur Gedanken; sie sind auch gespeicherte physiologische Energie. Sanfte Bewegung, Dehnen oder das Klopfen auf Akupressurpunkte kann helfen, Spannung zu lösen. Diese körperliche Aktivität signalisiert dem Nervensystem, dass Entspannung sicher ist. Viele traumasensible Therapien, wie EMDR (Eye Movement Desensitization and Reprocessing) oder EFT (Emotional Freedom Technique), basieren auf diesem Prinzip der Kombination von mentaler Aufmerksamkeit und körperlicher Entladung.

Auch **Vergebung und Mitgefühl** spielen eine wichtige Rolle bei der Heilung emotionaler Auslöser. Wenn Sie an Groll oder Scham festhalten, lässt das Gehirn schmerzhafte neuronale Kreisläufe immer wieder ablaufen. Vergebung bedeutet nicht, die Vergangenheit zu entschuldigen – sondern ihre Kontrolle über Ihr Nervensystem loszulassen. Mitgefühl gegenüber sich selbst und anderen aktiviert die Insula und den anterioren cingulären Kortex – Gehirnregionen, die mit Empathie, emotionaler Regulation und Integration verbunden sind. Diese

Bereiche helfen, emotionale Intensität auszugleichen und Harmonie zwischen Geist und Körper wiederherzustellen.

Schließlich ist **Geduld** entscheidend. Das Gehirn verlernt jahrelange emotionale Konditionierung nicht über Nacht. Jedes Mal, wenn Sie einen Auslöser erkennen und ruhig damit umgehen, findet Neuverdrahtung statt. Jeder Moment der Achtsamkeit ist ein Sieg. Emotionale Meisterschaft bedeutet nicht, niemals ausgelöst zu werden – sondern schneller zu regenerieren und bewusst zu reagieren. Je öfter Sie bewusst reagieren, desto stärker werden die neuronalen Wege emotionaler Stabilität.

Wenn Sie irgendwann feststellen, dass eine Situation, die Sie früher überwältigt hat, nun neutral oder handhabbar wirkt, ist das ein Zeichen dafür, dass Ihr Gehirn geheilt ist. Emotionale Auslöser sind keine Feinde – sie sind Wegweiser zu den Bereichen, in denen tiefste Heilung stattfinden kann. Wenn Sie ihnen mit Verständnis und Mitgefühl begegnen, verwandeln Sie Reaktivität in Widerstandskraft.

„Wir müssen reden“

Als Michael die Worte hörte: „Wir müssen reden“, zog sich sein Magen sofort zusammen. Es spielte keine Rolle, wer sie sagte – sein Chef, seine Partnerin oder ein Freund – diese vier Worte lösten jedes Mal denselben inneren Alarm aus. Sein

Geist raste sofort zu den schlimmsten Szenarien: *Ich habe etwas falsch gemacht. Ich bekomme Ärger. Sie sind enttäuscht von mir.* Er stellte diese Reaktion nie infrage; sie geschah einfach.

Erst viele Jahre später verstand er, warum. Als Kind war sein Vater unberechenbar gewesen – in einem Moment ruhig, im nächsten wütend. Wenn sein Vater sagte: „Wir müssen reden", bedeutete das meistens Schreien, Kritik oder Strafe. Obwohl Michael längst nicht mehr zu Hause lebte, hatte sein Gehirn dieses Muster behalten. Die neuronalen Verbindungen zwischen diesen Worten und Angst waren immer noch aktiv.

Eines Abends, als er spät nachts im Internet scrollte, stieß er auf einen Artikel über emotionale Auslöser und die Rolle der Amygdala. Die Idee faszinierte ihn – dass seine Reaktionen keine Schwäche waren, sondern alte Programmierung. Er begann, seine Auslöser aufzuschreiben: jede Formulierung, jeden Tonfall oder jede Situation, die eine starke Reaktion auslöste. Die Liste überraschte ihn. Es war nicht nur Konflikt – auch Ablehnung, Schweigen oder sogar das Geräusch von Schritten hinter ihm.

Entschlossen, etwas zu verändern, begann er mit kleinen Schritten. Als das nächste Mal jemand sagte: „Wir müssen reden", hielt er inne, bevor er reagierte. Sein Herz pochte, sein

Atem beschleunigte sich. Doch statt vor dem Gefühl zu fliehen, atmete er tief durch und sagte innerlich: *Das ist nur mein Körper, der sich erinnert – nicht meine aktuelle Realität.* Er wartete. Die Panik ließ leicht nach. Sie war nicht verschwunden, aber sie kontrollierte ihn nicht mehr.

Michael begann täglich die **Pause–Atmen–Reflektieren-Technik** zu üben. Wenn ein Auslöser auftauchte, hielt er drei Atemzüge lang inne, bevor er sprach oder handelte. Beim dritten Atemzug wurde sein Denken klarer. Es war, als würde sich der Nebel ein wenig lichten und ihm erlauben, seine Worte bewusst zu wählen.

Mit der Zeit erkannte er die Verbindung zwischen seiner Gegenwart und seiner Vergangenheit. Jeder Auslöser war ein Echo einer alten Erfahrung, die noch in seinem Nervensystem gespeichert war. Doch statt diese Echos zu verurteilen, begann er ihnen dankbar zu sein – sie zeigten ihm, wo Heilung nötig war.

Während eines besonders stressigen Meetings gab sein Vorgesetzter ihm konstruktives Feedback. Früher hätte Michael innerlich abgeschaltet, seine Brust hätte sich mit Scham zusammengezogen. Doch diesmal konzentrierte er sich auf seinen Atem, nickte ruhig und erinnerte sich: *Ich bin jetzt sicher. Das ist keine Bestrafung – das ist Wachstum.* Zum ersten Mal verließ er ein solches Gespräch ohne das schwere Gefühl des Versagens.

Monate später geschah etwas Bemerkenswertes. Seine Partnerin sagte beiläufig: „Wir müssen reden.“ Michael wartete auf den inneren Schlag – doch nichts passierte. Sein Körper blieb entspannt. Sein Herz raste nicht. In diesem Moment wurde ihm klar, dass sein Gehirn endlich den Unterschied zwischen Vergangenheit und Gegenwart gelernt hatte.

Die Angst, die ihn einst beherrscht hatte, hatte ihre Macht verloren. Seine emotionalen Auslöser waren zu Lehrern geworden, die ihn zu Verständnis statt zu Reaktion führten. Er musste nicht mehr gegen sie kämpfen.

An diesem Abend saß Michael auf der Veranda, während die Sonne unterging, und lächelte leise. Er war nicht mehr derselbe Mann, der bei jedem Tonfall zusammenzuckte. Er hatte sein emotionales Gehirn neu verdrahtet – nicht durch Zwang, sondern durch Geduld und Mitgefühl. Die Worte „Wir müssen reden“ trugen nicht mehr das Gewicht seiner Vergangenheit.

Sie waren einfach nur Worte.

Und in diesem stillen Moment der Erkenntnis fühlte er etwas, das er seit Jahren nicht mehr gespürt hatte – **Freiheit**.

Kapitel 5: Das chemische Gleichgewicht auf natürliche Weise wiederherstellen

Jede Emotion, jeder Gedanke und jede Handlung wird durch die Chemie des Gehirns gesteuert. Das Gefühl von Ruhe, Motivation, Angst oder Depression ist nicht einfach „nur im Kopf“ – es ist ein biochemischer Zustand, der durch Neurotransmitter, Hormone und elektrische Signale geprägt wird, die ständig miteinander interagieren. Wenn dieses System aus dem Gleichgewicht gerät, kann sich der Geist von Ruhe zu Chaos, von Klarheit zu Verwirrung verschieben. Zu verstehen, wie dieses Gleichgewicht auf natürliche Weise wiederhergestellt werden kann, ist einer der stärksten Schritte bei der Heilung von Angst und Depression durch Neuverdrahtung des Gehirns.

Das Gehirn kommuniziert über ein fein abgestimmtes Zusammenspiel von Neurotransmittern wie **Serotonin, Dopamin, Noradrenalin, GABA (Gamma-Aminobuttersäure) und Glutamat**. Jeder hat eine eigene Funktion. Serotonin stabilisiert die Stimmung und reguliert den Schlaf; Dopamin fördert Motivation und Freude; Noradrenalin steigert Konzentration und Wachsamkeit; GABA beruhigt überaktive neuronale Aktivität; und Glutamat unterstützt Lernen und Gedächtnis. Wenn einer dieser Stoffe zu wenig oder zu viel vorhanden ist, entsteht ein emotionales Ungleichgewicht. Angst steht häufig mit zu viel Glutamat oder zu wenig GABA in Verbindung, während Depression oft mit niedriger Dopamin- oder Serotoninaktivität verbunden ist.

Die gute Nachricht ist, dass die Chemie des Gehirns **natürlich beeinflusst werden kann** – durch Verhalten, Ernährung und Gedanken. Jede gesunde Gewohnheit sendet eine chemische Botschaft an Ihr Gehirn, sich selbst neu auszubalancieren. Sie sind Ihrer Biologie nicht ausgeliefert – Sie sind aktiv an ihrer Gestaltung beteiligt.

Eine der direktesten Möglichkeiten, das chemische Gleichgewicht wiederherzustellen, ist **Bewegung**. Körperliche Aktivität erhöht Serotonin, Dopamin und Endorphine und senkt gleichzeitig Stresshormone wie Cortisol. Selbst sanfte Bewegung – wie Spazierengehen, Yoga oder Tanzen – kann die Stimmung für Stunden verbessern. Konsistenz ist wichtiger als Intensität; bereits zwanzig Minuten tägliche Bewegung können messbare Auswirkungen auf die Neurotransmitterfunktion haben. Bewegung erhöht außerdem BDNF (Brain-Derived Neurotrophic Factor), eine Substanz, die das Wachstum und die Reparatur von Nervenzellen unterstützt und die Heilungsfähigkeit des Gehirns verbessert.

Ernährung ist eine weitere Säule der chemischen Balance. Darm und Gehirn sind über den Vagusnerv direkt verbunden, weshalb der Zustand Ihres Verdauungssystems Ihre Stimmung und Ihr Denken beeinflusst. Eine Ernährung reich an **Omega-3-Fettsäuren** (z. B. aus Fisch, Chiasamen oder Leinsamen), **komplexen Kohlenhydraten** (z. B. aus Hafer, braunem Reis oder Süßkartoffeln) und **Mikronährstoffen** wie Magnesium, Zink und B-Vitaminen unterstützt die Produktion von Neurotransmittern. Fermentierte Lebensmittel wie Joghurt, Kefir und Sauerkraut fördern gesunde Darmbakterien, die bis zu **90 % des körpereigenen Serotonins** produzieren. Stark verarbeitete Lebensmittel, übermäßiger Zucker und Koffeinspitzen hingegen stören dieses empfindliche Gleichgewicht und führen zu Stimmungsschwankungen und Müdigkeit.

Schlaf ist der Reset-Knopf des Gehirns. Während des Tiefschlafs gleicht das Gehirn Neurotransmitter aus und entfernt Stoffwechselabfälle wie Beta-Amyloid, das mit kognitivem Abbau in Verbindung steht. Chronischer Schlafmangel reduziert Serotonin und Dopamin und erschwert die emotionale Regulation erheblich. Um das Gleichgewicht wiederherzustellen, hilft eine feste Schlafroutine, weniger Bildschirmzeit vor dem Schlafengehen und ein kühler, dunkler Raum. Schon kleine Verbesserungen der Schlafqualität können spürbare Veränderungen in Stimmung und Konzentration bewirken.

Auch **Atemtechniken** haben eine starke biochemische Wirkung. Langsames, tiefes Atmen erhöht die Sauerstoffversorgung des Gehirns und aktiviert das parasympathische Nervensystem, das beruhigende Neurotransmitter wie GABA und Acetylcholin freisetzt. Eine einfache Übung ist die **4-4-6-Methode**: vier Sekunden einatmen, vier Sekunden halten, sechs Sekunden ausatmen. Dieses Atemmuster senkt Cortisol und signalisiert dem Körper Sicherheit.

Sonnenlicht spielt ebenfalls eine überraschend wichtige Rolle. Natürliches Licht stimuliert die Serotoninproduktion und hilft, Melatonin zu regulieren – das Hormon, das den Schlafrhythmus steuert. Schon fünfzehn Minuten Sonnenlicht pro Tag können die Stimmung deutlich verbessern. In Regionen mit wenig Sonnenlicht kann eine Vollspektrum-Lichttherapie eine wirksame Alternative sein.

Neben körperlichen Gewohnheiten beeinflussen auch **Gedanken die Gehirnchemie**. Gedanken sind chemische Ereignisse – jeder hoffnungsvolle oder positive Gedanke löst kleine Ausschüttungen von Dopamin und Serotonin aus, während wiederholte Sorgen oder Schuldgefühle das System mit Cortisol und Adrenalin überfluten. Durch Dankbarkeit, Visualisierung oder Gebet können Sie die chemische Landschaft Ihres Gehirns bewusst in Richtung Heilung beeinflussen.

Auch **soziale Verbindung** wirkt stabilisierend. Wenn Sie Empathie, Freundlichkeit oder Zuneigung erleben, setzt das Gehirn **Oxytocin** frei – ein Hormon, das Stress reduziert und Vertrauen stärkt. Isolation hingegen aktiviert dieselben Gehirnregionen wie körperlicher Schmerz. Echte menschliche Verbindung – durch Gespräche, Berührung oder gemeinsames Lachen – wirkt wie natürliche Medizin für das Gehirn.

Schließlich verstärkt **Beständigkeit** jede Wirkung. Chemische Balance entsteht nicht durch eine einzige Handlung, sondern durch die Summe täglicher Gewohnheiten. Jede Entscheidung – jede Mahlzeit, jeder Atemzug und jeder Gedanke – trägt entweder zum Gleichgewicht oder zum Ungleichgewicht bei. Indem Sie Routinen schaffen, die Ihr Nervensystem nähren, geben Sie Ihrem Gehirn die Stabilität, die es braucht, um zu gedeihen.

Wahre Heilung beginnt, wenn Sie aufhören, gegen Ihre Chemie zu kämpfen, und beginnen, sie zu unterstützen. Das Gehirn ist nicht Ihr Feind – es ist ein Ökosystem, das harmonisiert werden möchte. Durch natürliche Rhythmen, achtsame Gewohnheiten und bewusstes Leben können Sie Balance, Energie und Freude wiederherstellen – nicht durch Zwang, sondern durch Ausrichtung.

Sprechen wir nun über Jasmine

Als Jasmine zum ersten Mal ihren Arzt aufsuchte, erwartete sie ein weiteres Rezept. Jahrelang hatte sie in Zyklen von Angst und Erschöpfung gelebt – Wochen voller schlafloser Nächte, gefolgt von Tagen, an denen selbst das Aufstehen aus dem Bett unmöglich erschien. Ihre Energie stieg und fiel unvorhersehbar. Sie verstand nicht, warum. „Es ist einfach mein Kopf", sagte sie immer. Doch ihr Arzt sah sie freundlich an und antwortete: „Es ist auch Ihre Chemie."

An diesem Abend ging sie nach Hause und begann zu recherchieren, was das bedeutete. Die Begriffe **Neurotransmitter, Serotonin und Dopamin** tauchten immer wieder auf. Sie lernte, dass ihre Gedanken, ihre Ernährung und ihr Schlaf diese Chemikalien beeinflussen. Zum ersten Mal betrachtete sie ihre mentale Gesundheit nicht als Rätsel, sondern als System – eines, das wiederhergestellt werden konnte.

Sie begann mit kleinen Schritten. Jeden Morgen, statt sofort nach ihrem Telefon zu greifen, öffnete sie die Vorhänge und stellte sich einige Minuten ins Sonnenlicht. Anfangs schien das unbedeutend, doch innerhalb einer Woche bemerkte sie, dass sie früher aufwachte und leichter einschlief. Das Sonnenlicht regulierte ihren inneren Rhythmus – etwas, worüber sie zuvor nie nachgedacht hatte.

Als Nächstes änderte sie ihre Ernährung. Statt verarbeiteter Snacks bereitete sie Haferflocken mit Obst zu und fügte Nüsse für Protein und Omega-3-Fettsäuren hinzu. Zum Mittagessen gab es Blattgemüse und braunen Reis statt Fast Food. Sie bemerkte, dass ihre Stimmung stabiler wurde – weniger wie eine Achterbahn, mehr wie eine ruhige Welle.

Dann kam die Bewegung. Jasmine mochte keine Fitnessstudios, also begann sie, nach dem Abendessen spazieren zu gehen. In den ersten Nächten fühlte es sich ungewohnt an, ihr Geist war voller Gedanken. Doch mit der Zeit wurden ihre Spaziergänge meditativ. Sie begann, ihre Umgebung wahrzunehmen – die Farbe des Himmels, das Geräusch ihrer Schritte, die Tiefe ihres Atems. Die Spannung, die früher ständig in ihrer Brust saß, begann zu verschwinden.

Auch ihr Schlaf verbesserte sich. Sie stellte sich einen Wecker – nicht zum Aufwachen, sondern zum **Abschalten**. Um 21:30 Uhr schaltete sie Bildschirme aus und las stattdessen ein Buch. Ihr Körper reagierte darauf. Die Morgen fühlten sich leichter an, ihr Geist klarer. Ohne es zu merken, heilten ihre Serotonin- und Melatoninzyklen.

Monate später, während einer stressigen Woche bei der Arbeit, spürte Jasmine das vertraute Aufkommen von Angst. Doch diesmal geriet sie nicht in eine Spirale. Sie hielt inne und begann tief zu atmen – langsam durch die Nase ein, kurz halten, länger ausatmen. Innerhalb weniger Minuten löste sich die Enge in ihrer Brust. Sie lächelte. Sie hatte entdeckt, dass sie ihren Zustand ohne Medikamente verändern konnte – allein durch die Ausrichtung von Körper und Gehirn.

Soziale Verbindung wurde schließlich der letzte Baustein. Sie schloss sich einer Wochenend-Gartengruppe an. Das Lachen, das Sonnenlicht und das gemeinsame Ziel brachten ihr eine Freude zurück, die sie seit Jahren nicht mehr gespürt hatte. Eines Tages, während sie mit einer neuen Freundin Kräuter pflanzte, wurde ihr plötzlich bewusst, dass sich etwas verändert hatte. Die Leere, die ihr früher überallhin folgte, war still verschwunden.

Ihre Veränderung war nicht dramatisch – sie war **allmählich**, aufgebaut aus Hunderten kleiner Entscheidungen. Doch diese Entscheidungen verdrahteten ihr Gehirn neu, brachten ihre Chemie ins Gleichgewicht und gaben ihr ihr Gefühl von innerem Frieden zurück. Sie lernte, dass Heilung nicht bedeutet, gegen sich selbst zu kämpfen. Es bedeutet, mit dem Körper zu arbeiten, das Gehirn zu nähren und den natürlichen Rhythmus des Lebens wiederherzustellen.

Eines Abends, als sie nach Hause ging und der Himmel in sanften Orangetönen leuchtete, flüsterte Jasmine zu sich selbst:

„Ich bin nicht kaputt. Ich brauchte nur Balance."

Und zum ersten Mal seit Jahren waren sich ihr Geist und ihr Körper vollkommen einig.

Kapitel 6: Unterbewusste Überzeugungen neu programmieren

Tief unterhalb Ihrer bewussten Gedanken liegt eine mächtige Kraft, die Ihre Emotionen, Ihr Verhalten und Ihre täglichen Entscheidungen formt – das Unterbewusstsein. Es ist der Teil Ihres Gehirns, der die mentale „Software" ausführt und jede Erfahrung, jeden Glaubenssatz und jede emotionale Verbindung speichert, die Sie jemals erlebt haben. Während der bewusste Verstand logisch und analytisch arbeitet, ist das Unterbewusstsein emotional und gewohnheitsgesteuert. Es funktioniert automatisch und steuert etwa 90 % Ihrer Gedanken und Reaktionen, ohne dass Sie es bewusst wahrnehmen.

Wenn es um Angst und Depression geht, spielt das Unterbewusstsein eine zentrale Rolle. Viele Muster, die chronische Sorgen, geringes Selbstwertgefühl oder Hoffnungslosigkeit verursachen, sind in unterbewussten Überzeugungen verwurzelt, die früh im Leben entstanden sind. Wenn Ihnen als Kind wiederholt gesagt wurde, dass Sie nicht gut genug sind, oder wenn Liebe und Sicherheit unbeständig waren, hat Ihr Unterbewusstsein gelernt, das Leben mit Angst, Unsicherheit oder Unzulänglichkeit zu verbinden. Als Erwachsener laufen diese Programme weiterhin still im Hintergrund und beeinflussen Ihre Reaktionen, auch wenn sie Ihnen längst nicht mehr dienen.

Um Ihr emotionales Gehirn vollständig neu zu verdrahten, müssen Sie nicht nur Ihre bewussten Gedanken verändern, sondern auch Ihre unterbewussten Überzeugungen neu programmieren. Dieser Prozess bedeutet nicht, sich selbst zu zwingen, „positiv zu denken“, sondern die tieferen Ebenen des Geistes zu erreichen, aus denen Ihre automatischen Reaktionen entstehen.

Der erste Schritt ist **Identifikation**. Sie können nichts verändern, was Sie nicht erkennen. Beginnen Sie damit, wiederkehrende Themen in Ihrem inneren Dialog und Ihren emotionalen Reaktionen zu beobachten. Fragen Sie sich:

- Welche Situationen lösen Gefühle von Unzulänglichkeit, Angst oder Schuld aus?
- Welche Aussagen sage ich mir selbst, wenn ich scheitere oder Angst empfinde?
- Was glaube ich wirklich über mich selbst, über andere Menschen und über die Welt?

Schreiben Sie diese Gedanken auf. Mit der Zeit werden Muster sichtbar – Aussagen wie „Ich bin nicht gut genug“, „Menschen verlassen mich immer“ oder „Ich werde niemals erfolgreich sein“. Diese Aussagen sind keine Fakten; sie sind unterbewusste Programme, die ursprünglich entstanden sind, um Sie vor früherem Schmerz zu schützen. Sie zu erkennen ist der erste Schritt zur Befreiung.

Der nächste Schritt ist **Unterbrechung und Ersatz**. Sobald Sie eine begrenzende Überzeugung erkannt haben, müssen Sie sie bewusst unterbrechen und durch eine neue ersetzen – durch Wiederholung, Visualisierung und emotionale Verstärkung. Das Unterbewusstsein lernt nicht durch Logik, sondern durch Emotion und Wiederholung. Jedes Mal, wenn Sie merken, dass Sie aus Angst handeln, halten Sie inne und bestätigen bewusst eine neue Wahrheit. Zum Beispiel ersetzen Sie „Ich bin nicht gut genug“ durch „Ich wachse, lerne und verbessere mich jeden Tag.“ Sagen Sie diesen Satz, während Sie sich an Momente erinnern, in denen Sie erfolgreich waren oder stolz auf sich sein konnten. Diese Wiederholung schafft neue neuronale Verbindungen, die die alten nach und nach überschreiben.

Visualisierung ist eines der wirkungsvollsten Werkzeuge zur Umprogrammierung des Unterbewusstseins, weil das Gehirn auf vorgestellte Erfahrungen fast genauso reagiert wie auf reale. Stellen Sie sich vor, wie Sie selbstbewusst handeln, ruhig sprechen und Ihre Ziele erreichen. Während Sie das tun, setzt Ihr Gehirn dieselben Neurotransmitter frei, die mit diesen Emotionen verbunden sind, und verstärkt dadurch das neue mentale Muster. Mit der Zeit beginnt Ihr Unterbewusstsein, diese vorgestellten Erfahrungen als Realität zu akzeptieren.

Eine weitere kraftvolle Methode sind **Affirmationen in Verbindung mit Emotionen**. Reine Wiederholung reicht nicht aus – die Aussage muss sich glaubwürdig und emotional spürbar anfühlen. Wenn Sie eine Affirmation wie „Ich bin würdig, Frieden und Liebe zu erfahren“ wiederholen, stellen Sie sich vor, wie sich das in Ihrem Körper anfühlt. Erzeugen Sie Empfindungen von Wärme, Ruhe und Dankbarkeit, während Sie den Satz aussprechen. Je stärker die emotionale Prägung, desto schneller übernimmt das Unterbewusstsein die neue Überzeugung.

Auch **hypnagogische Zustände** – die Momente kurz vor dem Einschlafen oder direkt nach dem Aufwachen – sind besonders wirkungsvoll für die Umprogrammierung des Unterbewusstseins. In diesen entspannten Phasen produziert das Gehirn Theta-Wellen, dieselbe Frequenz, die bei Kindern dominiert, wenn die meisten unterbewussten Überzeugungen entstehen. Das Hören positiver Affirmationen, geführter Meditationen oder beruhigender Musik in diesen Momenten verstärkt die Aufnahme und Neuverdrahtung.

Achtsamkeit und Meditation bilden eine Brücke zwischen dem bewussten und dem unterbewussten Geist. Wenn Sie Ihre

Gedanken ohne Bewertung beobachten, werden Sie sich der Muster bewusst, die zuvor unsichtbar waren. Allein dieses Bewusstsein schwächt die Macht alter Programme. Je mehr Sie bewusst beobachten, desto mehr Kontrolle gewinnen Sie über automatische Denkweisen zurück.

Die Umprogrammierung Ihres Unterbewusstseins bedeutet nicht, so zu tun, als wäre das Leben perfekt. Es bedeutet, angstbasierte Programme durch Überzeugungen zu ersetzen, die auf Wahrheit, Stärke und Wachstum beruhen. Jedes Mal, wenn Sie bewusst einen neuen Glaubenssatz wählen, Erfolg visualisieren oder Dankbarkeit praktizieren, senden Sie Ihrem Unterbewusstsein eine klare Botschaft: **Das ist meine neue Realität.**

Mit der Zeit werden Sie subtile, aber tiefgreifende Veränderungen bemerken. Situationen, die früher Angst ausgelöst haben, verlieren ihre Macht. Ihre Standardgedanken verschieben sich von Selbstzweifeln zu Selbstvertrauen, von Hilflosigkeit zu Kontrolle. Wenn Ihr Unterbewusstsein mit Ihrer bewussten Absicht im Einklang steht, beginnt Heilung mühelos zu werden.

Das Unterbewusstsein ist nicht Ihr Feind – es ist Ihr treuester Diener. Es folgt einfach den Anweisungen, die es erhalten hat, selbst wenn diese Ihnen nicht mehr dienen. Wenn Sie ihm neue Anweisungen geben – solche, die auf Wahrheit, Liebe und Wachstum beruhen – aktivieren Sie sein Potenzial, Sie vollständig zu heilen.

Wie Clara ihre unterbewussten Überzeugungen neu programmierte

Seit sie denken konnte, lebte Clara mit einer unsichtbaren Last. Nach außen hin hatte sie einen guten Job, Freunde und ein angenehmes Leben. Doch tief in ihr trug sie ein ständiges Gefühl der Unruhe – die leise Überzeugung, dass egal was sie tat, es nie genug war. Sie wusste nicht, woher dieses Gefühl kam; es war einfach immer da gewesen, flüsternd unter ihren Gedanken.

Eines Nachmittags, während sie durch eine Podcast-App scrollte, stieß sie auf eine Episode mit dem Titel **„Dein Unterbewusstsein führt Regie“**. Der Moderator sprach darüber, wie alte Überzeugungen – oft in der Kindheit entstanden – weiterhin beeinflussen, wie wir als Erwachsene denken und fühlen. Während Clara zuhörte, überkam sie eine überraschende Erkenntnis. Die Stimme in ihrem Kopf, die ihr sagte, sie sei nicht genug, war nicht wirklich sie – sie war ein Programm, ein gelerntes Muster aus der Vergangenheit.

In dieser Nacht schrieb sie in ihr Tagebuch und ging ihre Erinnerungen bis in ihre frühen Jahre zurück. Sie erinnerte sich an das Schweigen ihres Vaters, wenn sie gute Noten nach Hause brachte, an die ängstlichen Bemerkungen ihrer Mutter über Versagen und daran, wie sie immer das Gefühl hatte, Liebe durch Perfektion verdienen zu müssen. Diese Erfahrungen hatten unsichtbare Regeln in ihrem Geist hinterlassen: **Sei perfekt oder werde abgelehnt.**

Am nächsten Morgen stand Clara vor dem Spiegel, zögernd, aber entschlossen. Sie sah ihrem Spiegelbild in die Augen und sagte leise: „Ich bin genug, genau so wie ich bin." Ihre Stimme zitterte. Es fühlte sich ungewohnt an, fast wie eine Lüge. Doch sie erinnerte sich an den Rat aus dem Podcast – Wiederholung erschafft Realität. Also sagte sie es noch einmal. Und noch einmal. Mit jeder Wiederholung fühlte es sich ein wenig weniger fremd an.

In den folgenden Wochen machte sie daraus ein Ritual. Jeden Abend vor dem Schlafengehen, wenn ihr Geist ruhiger wurde, wiederholte sie ihre Affirmationen: **Ich bin sicher. Ich bin wertvoll. Ich bin geliebt.** Manchmal weinte sie. Manchmal fühlte sie nichts. Aber sie blieb dran. Sie verstand, dass ihr Unterbewusstsein Zeit brauchte, um dieser neuen Sprache der Freundlichkeit zu vertrauen.

Sie begann auch zu visualisieren. Vor dem Einschlafen stellte sie sich vor, wie sie bei der Arbeit selbstbewusst sprach, frei mit Freunden lachte und Liebe empfing, ohne sie verdienen zu müssen. Anfangs widersetzte sich ihr Geist und zeigte alte Erinnerungen an Ablehnung. Doch mit Übung wurden die Bilder klarer und lebendiger. Sie konnte die Wärme dieser Momente fühlen, als würden sie bereits geschehen.

Eines Abends, nach Monaten konsequenter Praxis, geschah etwas Subtiles. Sie hielt eine Präsentation bei der Arbeit – eine Situation, die sie früher mit Angst erfüllt hatte – und bemerkte plötzlich, dass sie nicht nervös war. Ihre Hände waren ruhig, ihre Gedanken klar. Später lobte ein Kollege ihre Arbeit, und statt das Kompliment abzulehnen, lächelte sie und sagte einfach: „Danke." Es war ein kleiner Moment, aber für Clara war er revolutionär.

Sie begann ihre Muster immer klarer zu erkennen. Wenn alte Ängste auftauchten – wenn sie befürchtete, beurteilt zu werden oder zu scheitern – geriet sie nicht mehr in eine Spirale. Sie hielt inne, atmete tief und erinnerte sich: **Das ist das alte Programm. Ich glaube es nicht mehr.** Mit jeder Wiederholung wurde diese innere kritische Stimme leiser.

Monate später besuchte Clara ihr Elternhaus. Als sie in ihrem alten Kinderzimmer stand, sah sie die verblassten Poster und den abgenutzten Schreibtisch, an dem sie einst spät in der Nacht gelernt hatte, verzweifelt auf der Suche nach

Anerkennung. Sie fühlte keinen Ärger – nur Mitgefühl. Diese jüngere Version von ihr hatte ihr Bestes gegeben.

Clara erkannte, dass sie die Geschichte ihres Geistes neu geschrieben hatte. Sie musste ihren Wert nicht mehr beweisen. Ihr Unterbewusstsein, einst voller Zweifel und Angst, wiederholte nun eine andere Wahrheit:

Ich bin genug.

Als sie das Haus verließ, fiel Sonnenlicht durch die Bäume. Sie lächelte – nicht weil alles perfekt war, sondern weil sie zum ersten Mal in ihrem Leben daran glaubte, dass sie es war.

Kapitel 7: Die Kraft von Fokus und Aufmerksamkeit bei der Heilung

Die Richtung Ihrer Aufmerksamkeit bestimmt die Richtung Ihres Lebens. In jedem Moment filtert Ihr Gehirn Millionen von Sinneseindrücken und entscheidet, worauf es sich konzentriert und was es ignoriert. Dieser Auswahlprozess formt nicht nur unsere Wahrnehmung – er verdrahtet das Gehirn buchstäblich neu. Bei Angst und Depression gerät die Aufmerksamkeit häufig in negative Schleifen, die Angst, Hoffnungslosigkeit und Selbstkritik verstärken. Wenn Sie lernen, Ihre Aufmerksamkeit bewusst umzulenken, können Sie kraftvolle neuronale Veränderungen aktivieren, die Ruhe, Motivation und emotionales Gleichgewicht wiederherstellen.

Das menschliche Gehirn folgt einem Prinzip, das **erfahrungsabhängige Neuroplastizität** genannt wird: Worauf Sie Ihre Aufmerksamkeit richten, das stärken Sie. Aufmerksamkeit wirkt wie ein Scheinwerfer; überall dort, wo er hinleuchtet, werden die darunterliegenden neuronalen Netzwerke stärker. Wenn Aufmerksamkeit wiederholt auf Sorgen, Schmerz oder Misserfolge gerichtet wird, werden diese Netzwerke dominanter und lassen sich immer leichter aktivieren. Wenn Sie jedoch Ihre Aufmerksamkeit auf Dankbarkeit, Ruhe und positive Handlungen lenken, entstehen neue neuronale Verbindungen, die nach und nach die alten ersetzen. Heilung beginnt nicht erst dann, wenn der Schmerz verschwindet, sondern wenn Aufmerksamkeit bewusst auf Erneuerung gerichtet wird.

Das **retikuläre Aktivierungssystem (RAS)**, ein Netzwerk von Neuronen im Hirnstamm, fungiert als Torwächter Ihrer Wahrnehmung. Es entscheidet, welche Informationen Ihr Bewusstsein erreichen. Wenn Sie sich wiederholt auf etwas konzentrieren – ob Angst oder Chancen – filtert das RAS Ihre Umgebung so, dass sie diesen Fokus bestätigt. Wenn Sie zum Beispiel ständig denken: „Ich bin ängstlich“, sucht Ihr Gehirn unbewusst nach Beweisen für Gefahr. Wenn Sie hingegen Ihre Aufmerksamkeit auf Ruhe und Fortschritt richten, beginnt Ihr Gehirn, Hinweise auf Sicherheit und Kontrolle wahrzunehmen.

Eines der effektivsten Werkzeuge zur Schulung der Aufmerksamkeit ist die **Umlenkung der Aufmerksamkeit**. Dabei wird die Aufmerksamkeit sanft von sich wiederholenden Gedanken auf körperliche Empfindungen, den Atem oder gegenwärtige Erfahrungen verlagert. Wenn Sie bemerken, dass Ihr Geist in Angstspiralen gerät, halten Sie inne und richten Ihre Aufmerksamkeit auf etwas Konkretes – das Gefühl Ihrer Füße auf dem Boden, den Klang Ihres Atems oder die Farbe des Himmels. Jedes Mal, wenn Sie Ihre Aufmerksamkeit neu ausrichten, schwächen Sie die alte neuronale Schleife und stärken eine neue.

Auch **achtsame Konzentration** spielt eine entscheidende Rolle bei der Heilung. Im Gegensatz zur passiven Wahrnehmung trainiert Konzentration den Geist, die Aufmerksamkeit stabil auf ein Objekt oder eine Aufgabe zu richten. Regelmäßiges Training fokussierter Aufmerksamkeit – zum Beispiel mehrere Minuten lang den Atem zu beobachten – kann nachweislich die graue Substanz im präfrontalen Kortex und im Hippocampus erhöhen, wodurch emotionale Regulation und Gedächtnis verbessert werden. Mit der Zeit wird der rastlose, ängstliche Geist ruhiger und stabiler.

Eine weitere wirkungsvolle Übung ist die **„Drei gute Dinge"-Praxis**. Schreiben Sie jeden Abend drei positive Ereignisse des Tages auf, egal wie klein sie erscheinen mögen. Diese Übung trainiert Ihre Aufmerksamkeit darauf, wahrzunehmen, was funktioniert, statt sich nur auf das zu konzentrieren, was fehlt. Mit der Zeit wird Ihr Gehirn immer effizienter darin, Positives zu erkennen, wodurch die Negativitätsverzerrung, die Angst und Depression verstärkt, allmählich abnimmt.

Flow-Zustände – Phasen völliger Vertiefung in eine bedeutungsvolle Tätigkeit – sind die höchste Form fokussierter Aufmerksamkeit. Wenn Sie sich intensiv mit einer kreativen, herausfordernden oder sinnvollen Aktivität beschäftigen, setzt das Gehirn Dopamin und Endorphine frei, wodurch selbstkritisches Denken und emotionaler Stress reduziert werden. Aktivitäten wie Malen, Gärtnern, Schreiben oder Musizieren können solche Zustände fördern. Entscheidend ist, Tätigkeiten zu wählen, die Ihre Aufmerksamkeit vollständig einnehmen und Denken und Handeln zu einer Einheit verschmelzen lassen.

Ebenso wichtig ist es, **Ablenkungen zu reduzieren**. Die moderne Welt konkurriert ständig um unsere Aufmerksamkeit – Smartphones, Nachrichten, soziale Medien – und trainiert das Gehirn auf Fragmentierung und Reaktivität. Diese permanente Stimulation überreizt die Amygdala und erschwert es, Ruhe zu finden. Wenn Sie digitale Grenzen setzen, bewusste Ruhezeiten einplanen und konzentrierte Aufmerksamkeit üben, stellen Sie den natürlichen Rhythmus von Fokus und Erholung im Gehirn wieder her.

Aus neurowissenschaftlicher Sicht führt anhaltende Aufmerksamkeit auf Frieden, Dankbarkeit oder Heilung dazu, dass das **Default Mode Network (DMN)** des Gehirns – das für selbstbezogenes Grübeln und gedankliches Abschweifen verantwortlich ist – weniger aktiv wird. Dieser beruhigende Effekt erhöht Klarheit und Präsenz im gegenwärtigen Moment. Sie beginnen, das Leben direkt zu erleben, statt es durch die Linse von Angst oder Reue zu betrachten.

Heilung durch Fokus bedeutet nicht, Schmerz zu unterdrücken, sondern bewusst zu entscheiden, worauf Sie Ihre Aufmerksamkeit richten. Aufmerksamkeit ist Energie, und Energie stärkt alles, was sie berührt. Wenn Sie Angst nähren, wächst sie. Wenn Sie Frieden nähren, breitet er sich aus. Das Gehirn folgt Ihrem Fokus. Mit der Zeit wird ein einst unruhiger und reaktiver Geist diszipliniert, ausgeglichen und klar – ein kraftvoller Verbündeter auf Ihrem Weg zur emotionalen Freiheit.

Sofias Kraft des Fokus

Den größten Teil ihres Lebens hatte Sofias Geist nie aufgehört zu arbeiten. Selbst in ruhigen Momenten rasten ihre Gedanken – Sorgen über morgen, Reue über gestern, endlose „Was wäre wenn"-Fragen. Sie beschrieb ihren Geist oft wie einen überfüllten Raum, in dem alle gleichzeitig schreien. Angst war zu ihrem ständigen Begleiter geworden, und Frieden fühlte sich an wie eine fremde Sprache, die sie nie gelernt hatte.

Eines Abends, nach einem weiteren ruhelosen Tag, besuchte sie einen Achtsamkeitsworkshop, den ihr eine Freundin empfohlen hatte. Der Kursleiter begann mit einem einfachen Satz, der sich in ihrem Geist festsetzte: **„Worauf du dich konzentrierst, wächst.“** Sofia hatte solche Sätze schon einmal gehört, doch diesmal traf er sie anders. Ihr wurde klar, dass der größte Teil ihrer Energie darauf gerichtet war, sich auf das zu konzentrieren, was sie nicht wollte – ihre Ängste, Fehler und Unsicherheiten. Was wäre, wenn sie stattdessen auf das fokussierte, was sie wirklich wollte?

Die erste Übung war überraschend einfach: eine Minute still sitzen und sich auf den Atem konzentrieren. Schon nach wenigen Sekunden wanderte ihr Geist ab. Gedanken über Arbeit, Familie und unerledigte Aufgaben tauchten auf. Normalerweise hätte sie sich darüber geärgert, doch der Kursleiter erinnerte sie: **„Wenn dein Geist abschweift, nimm es wahr und kehre zurück.“** Also tat sie es. Immer wieder driftete ihre Aufmerksamkeit ab und kehrte zurück – wie Wellen, die ans Ufer zurückrollen. Am Ende der Minute fühlte sich etwas anders an – nicht perfekt, aber ruhiger.

Ermutigt begann Sofia, jeden Morgen zu üben. Manche Tage fühlten sich unmöglich an. Ihre Gedanken rebellierten und verlangten Aufmerksamkeit. Doch langsam bemerkte sie Veränderungen. Je öfter sie ihre Aufmerksamkeit bewusst umlenkte, desto leichter fiel es ihr. Sie fing an, sich mitten in einer Sorge zu stoppen und sanft zu sagen: **Nicht jetzt. Im Moment bin ich sicher.**

Bald dehnte sie diese Praxis über die Meditation hinaus aus. Wenn sie mit ihrem Hund spazieren ging, achtete sie auf das Geräusch ihrer Schritte, den Rhythmus ihres Atems und den Wind auf ihrem Gesicht. Beim Abwaschen bemerkte sie die Wärme des Wassers, den Duft der Seife und die glatte Oberfläche des Tellers. Diese Momente wurden kleine Ankerpunkte in ihrem Alltag – Beweise dafür, dass sie ihre Aufmerksamkeit bewusst lenken konnte.

Eines Abends probierte sie etwas Neues aus. Statt vor dem Schlafengehen durch Nachrichten zu scrollen, schrieb sie **drei gute Dinge** aus ihrem Tag auf. Sie waren klein – „Ich habe beim Mittagessen gelacht", „Der Sonnenuntergang war wunderschön", „Ich habe meinen Bericht fertiggestellt" – doch sie erfüllten sie mit stiller Dankbarkeit. Sie begann, es jeden Abend zu tun. Mit der Zeit begann ihr Gehirn automatisch, positive Dinge wahrzunehmen. Die negative Stimme, die früher ihre Gedanken dominierte, wurde leiser.

Monate später besuchte Sofia eine Freundin auf dem Land. Beim Sonnenaufgang saß sie draußen, während goldenes Licht die Landschaft erfüllte. Sie schloss die Augen und atmete tief ein. Zum ersten Mal seit Jahren raste ihr Geist nicht. Es gab keine To-do-Listen, keine „Was wäre wenn"-Gedanken – nur Präsenz. Sie erkannte, dass Frieden nie verschwunden gewesen war; er hatte nur auf ihre Aufmerksamkeit gewartet.

Sofia lächelte und flüsterte leise zu sich selbst: **„Worauf ich mich konzentriere, wächst."** Es war nicht mehr nur ein Satz – es war Wahrheit. Ihr Fokus hatte sich von Angst zu Dankbarkeit, von Chaos zu Ruhe verschoben. Und mit ihrem Fokus hatte sich auch ihr Leben verändert.

Sie verstand nun, dass Heilung nicht bedeutet, den Geist zum Schweigen zu bringen, sondern ihm zu zeigen, **wohin er schauen soll**. Das innere Rauschen war manchmal noch da, aber es beherrschte sie nicht mehr. Sie hatte die wichtigste Lektion gelernt: Aufmerksamkeit, bewusst gelenkt, ist die Brücke zwischen Leiden und Frieden.

Kapitel 8: Die Verbindung von Geist und Körper – Heilung durch Bewusstsein und Bewegung

Geist und Körper sind keine getrennten Systeme; sie sind zwei Seiten desselben lebendigen Organismus. Jeder Gedanke sendet chemische Signale durch den Körper, und jede körperliche Empfindung sendet Botschaften zurück an das Gehirn. Dieser ständige Austausch bildet das, was die Neurowissenschaft als **psychoneuroimmunologische Schleife** bezeichnet – die Kommunikation zwischen Nervensystem, Immunsystem und endokrinem System. Wenn Sie diese Verbindung verstehen, können Sie Ihre körperliche Gesundheit durch mentale Aufmerksamkeit beeinflussen und Ihr emotionales Gleichgewicht durch körperliche Fürsorge stärken.

Angst und Depression zeigen sich oft zuerst im Körper, noch bevor der Geist sie bewusst erkennt. Ein enger Brustkorb, flacher Atem, ein angespannter Kiefer oder anhaltende Müdigkeit sind keine zufälligen Symptome – sie sind Ausdruck emotionaler Ungleichgewichte im Körper. Wenn das Gehirn Stress wahrnimmt, aktiviert es die **Hypothalamus–Hypophysen–Nebennieren-Achse (HPA-Achse)** und setzt Cortisol und Adrenalin frei. Mit der

Zeit können diese Hormone Schlaf, Verdauung und Immunfunktion stören. Wenn das Gehirn hingegen Sicherheit wahrnimmt, aktiviert es das **parasympathische Nervensystem**, wodurch sich Herzfrequenz und Atmung beruhigen und das Gleichgewicht im Körper wiederhergestellt wird.

Heilung beginnt, wenn Sie lernen, Ihrem Körper zuzuhören, anstatt seine Signale zu unterdrücken. Viele Menschen versuchen, sich aus emotionalem Stress herauszudenken, doch echte Heilung beginnt oft im Körper. Ihre Körperhaltung, Ihr Atem und Ihre Bewegung senden kontinuierlich Rückmeldungen an Ihr Gehirn und beeinflussen damit Ihre Stimmung und Ihre Gedanken. Deshalb können Praktiken wie **Yoga, Tai Chi oder achtsames Gehen** tiefgreifende emotionale Veränderungen bewirken – sie senden über den Körper Signale von Sicherheit an das Gehirn.

Der erste Schritt, um diese Verbindung bewusst zu nutzen, ist **Körperwahrnehmung**. Achten Sie darauf, wo Sie Spannung halten. Sind Ihre Schultern hochgezogen? Ist Ihr Kiefer angespannt? Halten Sie unbewusst den Atem an? Schon das einfache Wahrnehmen dieser Empfindungen ohne Bewertung beginnt den Prozess der Regulation. Wenn Sie tief ausatmen, entspannen sich die Muskeln, und der Vagusnerv sendet beruhigende Signale durch den Körper. Dieser einfache Akt der Aufmerksamkeit programmiert Körper und Gehirn neu in Richtung Ruhe.

Auch **Bewegungstherapie** ist ein wichtiger Weg zur Heilung. Körperliche Bewegung setzt Endorphine frei – natürliche Chemikalien, die die Stimmung verbessern und Schmerzen reduzieren. Selbst langsame, bewusste Bewegungen können emotionalen Fluss wiederherstellen, wo zuvor Stagnation entstanden ist. Wenn Sie Ihren Körper dehnen, lösen Sie nicht nur Muskelspannung – Sie lösen auch Emotionen, die im Körper gespeichert sind. Traumaforscher beschreiben Emotionen oft als „**Energie in Bewegung**". Wenn Sie sich bewegen, erlauben Sie dieser Energie, wieder zu fließen und den Kreislauf von Spannung und Unterdrückung zu durchbrechen.

Atemarbeit bildet eine der direktesten Brücken zwischen Geist und Körper. Der Atem ist einzigartig, weil er sowohl automatisch als auch bewusst gesteuert werden kann. Langsames, tiefes Atmen signalisiert dem Körper Sicherheit, während flacher, schneller Atem Gefahr signalisiert. Bewusste Atemtechniken – wie **Zwerchfellatmung, Box-Breathing oder Wechselatmung durch die Nasenlöcher** – gleichen Sauerstoff- und Kohlendioxidwerte im Blut aus, beruhigen die Amygdala und fördern mentale Klarheit. Schon wenige

Minuten täglich können Stresshormone senken und emotionale Widerstandskraft aufbauen.

Auch **Grounding-Übungen** helfen, sich über die Sinne wieder mit dem gegenwärtigen Moment zu verbinden. Wenn Angst den Geist überflutet, können Sie Ihre Aufmerksamkeit bewusst zum Körper zurückbringen: Spüren Sie Ihre Füße auf dem Boden, nehmen Sie die Temperatur der Luft wahr oder beobachten Sie Ihre Umgebung. Diese sensorischen Anker verlagern den Fokus von gedanklichem Grübeln zu körperlicher Präsenz und reduzieren die Intensität ängstlicher Gedankenmuster.

Eine weitere wichtige Rolle spielt die **Darm–Gehirn-Verbindung**. Der Darm enthält über **100 Millionen Nervenzellen** und wird daher oft als „zweites Gehirn" bezeichnet. Dieses enterische Nervensystem kommuniziert direkt mit dem Gehirn über den Vagusnerv und beeinflusst Stimmung und Denken. Wenn Darmbakterien im Gleichgewicht sind, produzieren sie Neurotransmitter wie Serotonin und Dopamin, die die psychische Gesundheit unterstützen. Eine Ernährung reich an Ballaststoffen, Präbiotika und Probiotika unterstützt dieses System und schafft Harmonie zwischen körperlichen und emotionalen Zuständen.

Schließlich verändert **Selbstmitgefühl durch Bewegung** die Art und Weise, wie Ihr Gehirn körperliche Signale interpretiert. Wenn Sie sich mit Achtsamkeit und Freundlichkeit bewegen – statt aus Druck oder Schuldgefühl heraus – verbindet Ihr Körper Bewegung mit Fürsorge statt mit Kontrolle. Dies aktiviert **Oxytocin**, das sogenannte Bindungshormon, das Entzündungen reduziert und emotionale Sicherheit fördert.

Die Verbindung von Geist und Körper ist nichts Mystisches – sie ist **biologisch**. Ihr Gehirn hört auf Ihren Körper genauso, wie Ihr Körper auf Ihr Gehirn hört. Wenn Sie durch Bewegung, Bewusstsein und Atem Harmonie zwischen beiden schaffen, werden Sie zu einem aktiven Teilnehmer Ihrer eigenen Heilung. Die Energie, die einst Angst und Schmerz aufrechterhielt, kann nun in Regeneration, Vitalität und Frieden umgewandelt werden. Heilung ist nichts, was Sie erzwingen – sie entsteht, wenn Geist und Körper im Einklang statt im Konflikt arbeiten.

Davids Atemgeschichte

Als David zum ersten Mal eine Therapie begann, erwartete er vor allem eines: viel zu reden. Stattdessen bat ihn seine Therapeutin aufzustehen. „Wo spüren Sie die Angst in Ihrem Körper?“, fragte sie. Er zögerte. Er hatte Angst nie als etwas

Körperliches betrachtet. „In meiner Brust", sagte er schließlich. „Es fühlt sich eng an, als wäre ein Band darum gelegt." Sie nickte. „Gut. Atmen Sie in diesen Bereich."

Zuerst erschien ihm die Übung seltsam. In seine Brust atmen? Jahrelang hatte er versucht, diese Empfindungen zu ignorieren, nicht sie noch zu verstärken. Doch als er langsam und tief atmete, geschah etwas Unerwartetes. Die Enge wurde weicher. Das Gefühl verschwand nicht vollständig, aber es veränderte sich – weniger scharf, mehr fließend. Zum ersten Mal erkannte er, dass seine Emotionen eine Stimme hatten – und dass diese Stimme durch seinen Körper sprach.

In den folgenden Wochen begann David, seinem körperlichen Zustand mehr Aufmerksamkeit zu schenken. Er bemerkte, dass sich seine Schultern in stressigen Meetings anspannten, sein Magen sich vor Telefonaten zusammenzog und sein Kiefer sich verkrampfte, wenn er sich Sorgen machte. Statt gegen diese Empfindungen anzukämpfen, begann er, sie neugierig zu beobachten. Er hielt inne, atmete tief und stellte sich vor, wie Wärme durch die angespannten Bereiche floss. Zu seiner Überraschung verschwand das Unbehagen oft allein durch diese Aufmerksamkeit.

Seine Therapeutin führte außerdem sanfte Bewegungsübungen ein – einfache Dehnungen, achtsames

Gehen und kurze Yoga-Sequenzen. Anfangs fühlten sie sich ungewohnt an. Doch bald fand er Trost im Rhythmus der Bewegung. Jede Dehnung schien nicht nur körperliche Steifheit, sondern auch Emotionen zu lösen. Eines Abends, nach einem langen Tag, streckte er seinen Rücken und atmete tief aus – plötzlich kamen Tränen. Er war nicht wirklich traurig. Es fühlte sich eher so an, als würde sein Körper etwas loslassen, das er jahrelang getragen hatte.

Ermutigt durch diese Erfahrung begann David, jeden Morgen spazieren zu gehen. Er ließ sein Telefon zu Hause und konzentrierte sich stattdessen auf das Geräusch seiner Schritte, die Luft auf seiner Haut und den gleichmäßigen Rhythmus seines Herzens. Diese Spaziergänge wurden zu seiner täglichen Meditation. Er bemerkte, dass seine Gedanken ruhiger wurden, wenn er langsam ging und tief atmete.

Mit der Zeit stellte er fest, dass seine Angst nicht vollständig verschwunden war – aber seine Beziehung zu ihr hatte sich verändert. Wenn Spannung auftauchte, geriet er nicht mehr in Panik. Er legte eine Hand auf seine Brust, atmete tief ein und sagte leise: „Es ist in Ordnung. Du bist sicher." Sein Körper reagierte sofort – sein Herz schlug langsamer, seine Muskeln entspannten sich. Der Körper, der einst seine Angst getragen hatte, war zu seinem Werkzeug für Frieden geworden.

Eines Nachmittags, während er in einem Park saß, spürte David eine Welle von Ruhe, die er sich nicht erklären konnte. Sie fühlte sich nicht erzwungen oder zerbrechlich an – eher wie ein Heimkommen. Er verstand nun, was seine Therapeutin gemeint hatte, als sie sagte, der Körper sei der **Eingang zur Heilung**. Jahrelang hatte er versucht, seinen Geist zu reparieren, während er den Körper ignorierte, der ihn trug. Jetzt wusste er: Beide sind untrennbar verbunden.

Als er zurückblickte, erkannte er, dass seine Heilung kein einzelner Durchbruch gewesen war, sondern **tausend kleine Momente** – jeder Atemzug, jeder Schritt, jede Dehnung, die Körper und Geist wieder lehrte, einander zu vertrauen.

An diesem Abend, als er im Bett lag und ruhig atmete, während sein Herz gleichmäßig schlug, flüsterte er: „Danke." Nicht zu jemand anderem, sondern zu sich selbst – zu dem Körper, der ihn durch seine Angst getragen hatte, und zu dem Geist, der endlich gelernt hatte zuzuhören.

Er verstand nun, dass Heilung nie bedeutete, seinem Körper zu entkommen – sondern **zu ihm zurückzukehren**.

Kapitel 9: Emotionale Resilienz und mentale Stärke aufbauen

Die Heilung von Angst und Depression bedeutet nicht nur, Symptome zu reduzieren – sie bedeutet auch, die innere Stärke aufzubauen, um den Herausforderungen des Lebens zu begegnen, ohne daran zu zerbrechen. Diese Fähigkeit nennt man **emotionale Resilienz**: die Fähigkeit, sich von Schwierigkeiten zu erholen, sich anzupassen und aus Widrigkeiten gestärkt hervorzugehen. Resilienz ist keine Persönlichkeitseigenschaft, die manche Menschen haben und andere nicht; sie ist eine Fähigkeit, die durch gezieltes Training des Gehirns und des Nervensystems entwickelt werden kann.

Resilienz beginnt im **präfrontalen Kortex**, dem Bereich des Gehirns, der für Selbstkontrolle, Planung und Entscheidungsfindung verantwortlich ist. Wenn dieser Bereich effektiv mit der **Amygdala**, dem emotionalen Zentrum des Gehirns, kommuniziert, kann er Angstreaktionen regulieren und auch unter Stress eine klare Perspektive bewahren. Wenn Stress jedoch chronisch wird, dominiert die Amygdala, und der präfrontale Kortex verliert seine Fähigkeit, klar zu denken. Resilienz zu stärken bedeutet, dieses Gleichgewicht wiederherzustellen – durch wiederholte Erfahrungen von

Ruhe und Erholung nach Stress.

Einer der ersten Schritte zum Aufbau von Resilienz ist der Übergang von **Widerstand zu bewusster Reaktion**. Wenn schwierige Emotionen entstehen, besteht der natürliche Impuls darin, sie zu bekämpfen oder zu unterdrücken. Neurowissenschaftliche Erkenntnisse zeigen jedoch, dass Unterdrückung die Stressreaktion im Körper verlängert. Der Schlüssel besteht darin, Emotionen ohne Bewertung anzuerkennen – etwa mit Gedanken wie: „Ich fühle gerade Angst“ oder „Ich bin enttäuscht.“ Danach können Sie bewusst entscheiden, wie Sie reagieren möchten. Dieser Prozess aktiviert den präfrontalen Kortex, der dem Körper signalisiert, dass Sicherheit besteht, und so die Intensität der Emotion reduziert.

Resiliente Menschen entwickeln das, was Psychologen **emotionale Agilität** nennen – die Fähigkeit, flexibel durch Emotionen zu gehen, statt in ihnen stecken zu bleiben. Sie betrachten Emotionen nicht als gut oder schlecht, sondern als Informationen. Angst kann bedeuten, dass Vorbereitung nötig ist; Traurigkeit kann anzeigen, dass etwas Wertvolles verloren ging; Frustration kann darauf hinweisen, dass Grenzen überschritten wurden. Wenn Sie Emotionen als Signale statt als Bedrohungen interpretieren, gewinnen Sie Kontrolle über Ihre innere Welt zurück.

Ein weiterer wichtiger Baustein von Resilienz ist das **Finden von Bedeutung**. Menschen, die sich gut von schwierigen Erfahrungen erholen, entdecken oft einen Sinn in ihren Herausforderungen. Das bedeutet nicht, Schmerz zu romantisieren, sondern zu erkennen, dass jede Schwierigkeit eine Möglichkeit für Wachstum enthält. Das Gehirn passt sich der Interpretation an: Wenn Sie einen Rückschlag als Beweis für Versagen sehen, verstärkt das Stresskreisläufe. Wenn Sie ihn als Lernchance betrachten, aktiviert das Netzwerke für Lernen und Entwicklung. Diese Neubewertung stärkt neuronale Verbindungen, die mit Optimismus und Anpassungsfähigkeit verbunden sind.

Ebenso wichtig sind **Gewohnheiten der Erholung**. Resiliente Menschen achten bewusst darauf, nach Stress körperlich und emotional zu regenerieren. Dazu gehören tiefes Atmen, ausreichender Schlaf, Bewegung und soziale Verbindung. Wenn Sie Ihrem Körper erlauben, sich zu erholen, lernt Ihr Nervensystem, dass auf Herausforderung auch Erholung folgt. Je öfter Sie diesen Zyklus von Stress und Regeneration durchlaufen, desto stärker wird Ihre Resilienz.

Ein weiterer entscheidender Faktor ist **Selbstwirksamkeit** – der Glaube an die eigene Fähigkeit, Ergebnisse zu beeinflussen. Jedes Mal, wenn Sie eine Schwierigkeit bewältigen – selbst eine kleine –, lernt Ihr Gehirn, dass Sie mit

Herausforderungen umgehen können. Das Führen eines „Erfolgsjournals", in dem Sie Situationen festhalten, die Sie erfolgreich gemeistert haben, kann dieses Gefühl von Kompetenz stärken. Mit der Zeit nimmt die Angstreaktion Ihres Gehirns ab, weil es Beweise dafür hat, dass Sie sich anpassen können.

Auch **soziale Verbindung** stärkt Resilienz auf biologischer Ebene. Das Hormon **Oxytocin**, das bei Empathie, Nähe und Vertrauen freigesetzt wird, wirkt den Effekten von Cortisol entgegen und beruhigt den Körper. Unterstützende Beziehungen – mit Familie, Freunden oder einer Gemeinschaft – verändern buchstäblich die Gehirnchemie. Selbst kurze Begegnungen voller Mitgefühl und Freundlichkeit können Resilienz stärken, indem sie Sicherheitssignale im Nervensystem verstärken.

Schließlich erfordert Resilienz **beständige Selbstmitgefühl**. Viele Menschen gehen in schwierigen Zeiten besonders hart mit sich selbst um und glauben, dass strenge Disziplin sie stärker macht. Doch Härte aktiviert dieselben Stresswege wie äußere Kritik. Selbstmitgefühl hingegen aktiviert das Fürsorgesystem des Gehirns und setzt Oxytocin und Endorphine frei, die Erholung fördern. Sich selbst mit Verständnis zu begegnen, besonders in Momenten des Scheiterns, stärkt die psychologische Flexibilität – die

Grundlage dauerhafter Stärke.

Emotionale Resilienz bedeutet nicht, dass Schmerz verschwindet – sie bedeutet, dass **Anpassungsfähigkeit** entsteht. Jede Herausforderung, der Sie bewusst begegnen, verdrahtet Ihr Gehirn neu, sodass es beim nächsten Mal effektiver reagieren kann. Mit jeder Erholung wachsen Ruhe, Klarheit und Selbstvertrauen. Der Geist lernt, dass Schmerz vorübergehend ist, dass Ruhe erreichbar ist und dass Stärke durch Geduld entsteht.

Das ist die Essenz von Resilienz: hinfallen, lernen und mit mehr Klarheit und innerem Frieden wieder aufstehen.

Wie Rachel emotionale Resilienz entwickelte

Jahrelang glaubte Rachel, dass Stärke bedeutete, niemals zusammenzubrechen. Sie behielt alles für sich – ihre Sorgen, ihre Traurigkeit, ihre Ängste. Wenn Menschen sie fragten, wie es ihr gehe, antwortete sie immer: „Mir geht es gut." Doch das stimmte nicht. Unter der Oberfläche tobte ein Sturm aus Angst und Erschöpfung. Erst als sie eines Abends allein im Auto ihre erste Panikattacke erlebte, wurde ihr klar, dass sich etwas ändern musste.

Ihre Therapeutin stellte ihr eine neue Vorstellung von Stärke vor: **Resilienz**.

„Resilienz bedeutet nicht, niemals auseinanderzufallen", erklärte sie. „Es bedeutet, wie du dich erholst, wenn es passiert."

Diese Worte blieben Rachel im Gedächtnis. Ihr ganzes Leben hatte sie versucht, nichts zu fühlen – doch was sie wirklich lernen musste, war, Gefühle sicher zu erleben.

Zunächst begann sie mit einfacher **Achtsamkeit**. Wenn Angst auftauchte, hörte sie auf, dagegen anzukämpfen. Sie legte eine Hand auf ihre Brust und flüsterte: „Es ist okay, das zu fühlen." Beim ersten Mal verschwand die Panik nicht – aber sie wurde schwächer. Jedes Mal, wenn sie ihren Emotionen mit Mitgefühl statt mit Widerstand begegnete, vergingen sie schneller. Sie brachte ihrem Nervensystem bei, dass Emotionen keine Bedrohung waren, sondern Botschaften.

Ein paar Wochen später begann Rachel nach stressigen Tagen zu schreiben. Statt zu fragen: „Warum passiert mir das?", fragte sie nun: **„Was kann ich daraus lernen?"** Diese kleine Veränderung veränderte alles. Sie begann, Herausforderungen als Chancen für Wachstum zu sehen. Als sie einmal eine Frist bei der Arbeit verpasste, verfiel sie nicht mehr in Schuldgefühle. Stattdessen schrieb sie: „Ich lerne, meine Zeit besser zu organisieren. Beim nächsten Mal mache ich es anders." Ihr Gehirn, das zuvor auf Selbstkritik programmiert war, lernte nun Optimismus.

Mit der Zeit bemerkte sie, dass sich ihre Reaktionen veränderten. Wenn unerwartete Probleme auftauchten, fühlte sie zwar noch Stress – aber sie erholte sich schneller. Sie hörte auf, Katastrophen zu erwarten, und begann stattdessen nach Lösungen zu suchen. Nach Streitigkeiten ging sie spazieren, statt die Situation immer wieder im Kopf zu durchleben. Bewegung wurde ihr **Ritual der Erholung** – eine Möglichkeit, ihre Emotionen neu auszurichten und ihrem Körper zu zeigen, dass Frieden immer erreichbar ist.

Eines Nachmittags erhielt sie eine schwierige Nachricht: Ihr Unternehmen verkleinerte sich, und ihre Stelle könnte gestrichen werden. Früher hätte Rachel sofort Panik bekommen und sich das schlimmste Szenario vorgestellt. Diesmal setzte sie sich ruhig hin und nahm ein paar tiefe Atemzüge. Sie erinnerte sich an alles, was sie bereits überstanden hatte.

„Ich habe schon Schlimmeres bewältigt“, sagte sie laut. „Ich werde auch dafür einen Weg finden.“

An diesem Abend schrieb sie drei Dinge auf, für die sie dankbar war. Und überraschenderweise schlief sie ruhig.

Monate später blickte Rachel zurück und erkannte, wie weit

sie gekommen war. Resilienz war nichts gewesen, das sie gefunden hatte – sie hatte sie **aufgebaut**, eine bewusste Reaktion nach der anderen. Ihr Geist reagierte nicht mehr automatisch auf Stress. Er lernte, sich anzupassen, zu wachsen und sich zu erholen.

Eines Morgens saß sie auf ihrer Veranda und beobachtete den Sonnenaufgang. Sie fühlte Ruhe – nicht weil ihr Leben einfach war, sondern weil sie endlich darauf vertraute, dass sie mit allem umgehen konnte, was kam. Die Stürme waren nicht verschwunden, doch sie fürchtete sie nicht mehr. Sie hatte gelernt, sich zu beugen, ohne zu zerbrechen.

Rachel lächelte leise und atmete die kühle Morgenluft ein. Stärke, erkannte sie, bedeutete nicht, alles zusammenzuhalten. Sie bedeutete, sich selbst zu erlauben zu fallen – und zu wissen, dass man jedes Mal wieder aufstehen kann.

Kapitel 10: Ein neu verdrahtetes Leben leben – Ruhe, Sinn und Freude integrieren

Die Heilung des Gehirns ist nicht das Ende der Reise – sie ist der Beginn einer neuen Art zu leben. Sobald Angst und Depression nicht mehr Ihre täglichen Gedanken kontrollieren, treten Sie in eine Phase der Integration ein, in der Ihre neuen neuronalen Muster zu Ihrem natürlichen Zustand werden. Dies ist die Phase eines neu verdrahteten Lebens – ein Leben, in dem Ruhe, Fokus und emotionale Balance natürlich fließen und in dem Ihre Gedanken und Handlungen mit Sinn und Richtung übereinstimmen.

Neuroplastizität funktioniert durch Wiederholung. Die Schaltkreise, die Sie während dieses Prozesses gestärkt haben – Ruhe, Dankbarkeit, Selbstvertrauen und Resilienz – wachsen weiter, solange Sie sie nutzen. Doch genau wie Muskeln müssen sie durch konsequente Gewohnheiten erhalten werden. Der Schlüssel zu dauerhafter Veränderung ist Integration – die Praktiken, die Sie geheilt haben, in Ihren täglichen Rhythmus zu verweben, sodass sie zu einer zweiten Natur werden.

Der erste Schritt der Integration ist bewusste Pflege. Nehmen Sie sich jeden Morgen, bevor der Geist in alte Gewohnheiten zurückfällt, einige Momente Zeit, um eine **Absicht für den Tag** zu setzen. Das kann ein einzelnes Wort sein wie Ruhe, Fokus oder Dankbarkeit. Absichtsvolles Denken aktiviert den präfrontalen Kortex und lenkt die Aufmerksamkeit Ihres Gehirns auf das, was wirklich wichtig ist. Wenn Sie Ihren Tag auf diese Weise beginnen, trainieren Sie Ihren Geist, mit Ihrem gewünschten emotionalen Zustand im Einklang zu bleiben, statt automatisch in alte Muster zurückzufallen.

Achtsames Leben wird zu Ihrem neuen Fundament. Sie beginnen, die feinen Empfindungen des Lebens wahrzunehmen – das Geräusch des Regens, die Wärme des Sonnenlichts, den Rhythmus Ihres Atems. Achtsamkeit ist nicht länger nur eine Übung, sondern eine Lebensweise – die Fähigkeit, jeden Moment vollständig zu erleben. Das Gehirn, das einst auf Stress programmiert war, findet nun Trost in der Stille. Je mehr Sie im gegenwärtigen Moment bleiben, desto weniger Macht haben Vergangenheit oder Zukunft über Sie.

Ein neu verdrahtetes Leben bedeutet auch, **Sinn zu leben**. Sinn gibt der Ruhe Struktur; er lenkt Energie in schöpferische Aktivitäten statt in Grübeleien. Wenn Ihre Handlungen von Bedeutung geleitet werden, setzt das Belohnungssystem des Gehirns Dopamin auf gesunde und ausgewogene Weise frei, was Motivation und Zufriedenheit stärkt. Sinn muss nichts Großes sein – er kann darin bestehen, anderen zu helfen, neue Fähigkeiten zu lernen oder Schönheit zu schaffen. Wichtig ist nur, dass er mit Ihren Werten übereinstimmt und Ihr Wachstum oder das Wohl anderer fördert.

Auch **Freude** wird zu einem natürlichen Ergebnis eines ausgeglichenen Gehirns. Entgegen der landläufigen Meinung ist Freude keine flüchtige Emotion – sie ist ein neuronales Muster, das in Wertschätzung und Verbundenheit verwurzelt ist. Wenn Sie regelmäßig Dankbarkeit und Mitgefühl praktizieren, stärken Sie die neuronalen Netzwerke der Freude. Das bedeutet nicht, dass Sie nie wieder Traurigkeit oder Frustration fühlen werden; vielmehr werden Sie schneller zu Ihrem inneren Gleichgewicht zurückfinden, weil Ihr Gehirn gelernt hat, wieder Ruhe zu finden.

Balance zu bewahren bedeutet auch, Ihren **mentalen Raum zu schützen**. Die äußere Welt wird weiterhin Herausforderungen bringen, aber Sie verfügen nun über Werkzeuge, um ihnen zu begegnen, ohne Ihr inneres Zentrum zu verlieren. Begrenzen Sie den Kontakt mit Negativität, schaffen Sie Umgebungen, die Ihren Frieden fördern, und setzen Sie Grenzen, die Ihre Energie respektieren. Das Gehirn gedeiht in Stabilität und Sicherheit; je mehr Stabilität Sie um sich herum schaffen, desto sicherer fühlt sich Ihr Geist.

Ein weiterer Teil der Integration ist **Dienst und Verbindung**. Neurowissenschaftliche Studien zeigen, dass Akte der Freundlichkeit Oxytocin und Serotonin erhöhen und damit sowohl Glück als auch Resilienz stärken. Wenn Sie das teilen, was Sie gelernt haben, anderen bei ihrer Heilung helfen oder einfach mit Mitgefühl zuhören, verstärken Sie gleichzeitig Ihre eigene Heilung. Indem Sie anderen helfen, ihre Emotionen zu regulieren, stärken Sie auch Ihre eigene innere Balance.

Schließlich sollten Sie das Leben als **fortlaufende Praxis** betrachten. Heilung ist kein Ziel, sondern ein Rhythmus – Ausdehnung, Herausforderung, Ruhe und Erneuerung. Selbst nach Jahren innerer Ruhe werden neue Stresssituationen auftreten, doch Sie werden ihnen mit einem anderen Gehirn begegnen – einem ruhigen, anpassungsfähigen und weisen Gehirn. Wenn Sie merken, dass Sie in alte Muster zurückfallen, werden Sie es schneller erkennen und wieder zu Ihrem inneren Gleichgewicht zurückfinden. Sie wissen dann, dass Frieden nicht etwas ist, dem man hinterherläuft – sondern etwas, das man Moment für Moment erschafft.

Ein neu verdrahtetes Leben zu führen bedeutet, bewusst, mitfühlend und mutig zu leben. Es bedeutet, den eigenen Geist als Verbündeten zu nutzen, nicht als Gegner. Es bedeutet, jeden Morgen aufzuwachen und zu wissen, dass Sie allem, was kommt, mit Klarheit und Stärke begegnen können. Sie überleben nicht mehr – Sie gestalten Ihr Leben.

Das ist die wahre Belohnung der Gehirn-Neuverdrahtung: nicht Perfektion, sondern **Befreiung**. Ein Geist, der einst in Angst lebte, gedeiht nun in Freiheit. Ein Körper, der einst Spannung trug, strahlt nun Vitalität aus. Und ein Herz, das einst nach Frieden suchte, schlägt nun im Einklang mit ihm.

Mayas Geschichte der Neuverdrahtung

Wenn Maya auf ihre Reise zurückblickte, fühlte es sich beinahe unwirklich an. Sie erinnerte sich an die Nächte, in denen Angst sie wach gehalten hatte, ihre Gedanken endlos kreisten und ihr Herz ohne erkennbaren Grund raste. Diese Erinnerungen existierten noch, doch sie bestimmten sie nicht mehr. Die Stürme, die einst unerträglich schienen, waren zu entfernten Echos geworden. Ihr Geist war nun ruhiger – nicht leer, sondern friedlich.

Ihre Morgen begannen anders. Sie wachte nicht mehr auf, um sofort ihr Telefon zu überprüfen oder sich Sorgen über den kommenden Tag zu machen. Stattdessen setzte sie sich mit einer Tasse Tee ans Fenster und atmete die frische Morgenluft ein. Manchmal flüsterte sie ein einziges Wort zu sich selbst: **Dankbarkeit**. Es war einfach, aber kraftvoll. Dieses Wort gab ihrem Tag eine Richtung und erinnerte sie daran, wie weit sie gekommen war.

Bei der Arbeit bemerkte sie, dass sie Stress anders bewältigte. Wenn Projekte sich stapelten oder Kollegen angespannt waren, ließ sie sich nicht mehr vom Chaos mitreißen. Sie atmete, setzte Prioritäten und reagierte ruhig.
„Du wirkst immer so ausgeglichen", sagte eines Tages ein Kollege zu ihr.
Maya lächelte. Sie wusste, dass sie nicht deshalb ruhig war, weil sie keinen Stress mehr fühlte – sondern weil sie gelernt hatte, ihm mit Balance statt mit Panik zu begegnen.

Außerhalb der Arbeit entdeckte sie neue Leidenschaften. Sie meldete sich für einen Wochenend-Malkurs an und begann wieder zu malen – etwas, das sie seit dem Studium nicht mehr getan hatte. Anfangs waren ihre Pinselstriche zögerlich, fast vorsichtig, doch bald flossen sie frei. Beim Malen merkte sie, dass Kreativität mehr als Ausdruck war – sie war Therapie. Jede Farbe, jeder Pinselstrich fühlte sich wie ein Gespräch mit ihrem eigenen Geist an.

Maya begann auch, in einem örtlichen Gemeindezentrum ehrenamtlich zu arbeiten und dort Entspannungstechniken für Menschen mit Angststörungen zu unterrichten. In vielen von ihnen erkannte sie sich selbst wieder – die Angst, die

Überforderung, die Erschöpfung. Das Teilen ihrer Erfahrungen erfüllte sie mit tiefer Zufriedenheit. Anderen zu helfen war nicht nur ein Akt der Freundlichkeit – es war Teil ihrer eigenen Heilung.

Auch ihre Beziehungen veränderten sich. In Konflikten reagierte sie nicht mehr impulsiv. Sie hörte zu, hielt inne und sprach mit Empathie. Freunde sagten oft, dass ihre Gegenwart „beruhigend" wirke. Das brachte sie zum Lächeln, denn sie erinnerte sich an die Zeit, in der sie selbst die nervöseste Person im Raum gewesen war. Jetzt schien ihre Ruhe nach außen zu strahlen.

Eines Abends ging sie durch den Park, in dem sie Jahre zuvor oft gesessen und geweint hatte. Damals hatte sie sich verloren und machtlos gefühlt. Doch an diesem Abend war der Park anders. Die Luft war kühl, die Bäume bewegten sich sanft im Wind, und sie hörte ihre Schritte im Rhythmus der Welt. Unter demselben Baum blieb sie stehen und schloss die Augen.

Sie erkannte, dass die Heilung sie nicht verändert hatte – sie hatte ihr nur gezeigt, wer sie unter all dem Lärm immer gewesen war. Die ruhige, starke und freudige Version ihrer selbst war nie verschwunden gewesen; sie hatte nur darauf gewartet, entdeckt zu werden.

Ein tiefes Gefühl der Dankbarkeit erfüllte ihre Brust.
Leise flüsterte sie: „So fühlt sich Frieden an.“

Sie meinte damit nicht Frieden als Abwesenheit von Schmerz, sondern Frieden als Präsenz – die stille Gewissheit, dass sie mit allem umgehen konnte, was kommen würde. Ihr Gehirn, einst auf Angst programmiert, arbeitete nun auf Vertrauen. Ihr Leben, einst reaktiv, war bewusst geworden.

Als sie die Augen öffnete und die Sonne langsam hinter dem Horizont verschwand, lächelte Maya. Die Welt hatte sich nicht verändert – aber ihre Wahrnehmung von ihr. Sie war der lebende Beweis dafür, dass ein neu verdrahtetes Gehirn zu einem neu gestalteten Leben führt – einem Leben voller Ruhe, Klarheit und Sinn.

Und während sie nach Hause ging, fühlte sich ihr Geist leicht an, ihr Herz ruhig und ihre Schritte sicher. Zum ersten Mal jagte sie dem Glück nicht mehr hinterher.

Sie lebte es.

Kapitel 11: Die Wissenschaft langfristiger Heilung und dauerhafter Veränderung

Die Heilung des Gehirns von Angst und Depression ist kein einmaliges Ereignis – sie ist ein fortlaufender Prozess aus Verstärkung, Anpassung und Entwicklung. Der Geist benötigt, genau wie der Körper, beständige Pflege und Übung, um stark zu bleiben. In der Neurowissenschaft wird diese Phase **Langzeitpotenzierung** genannt – die Verstärkung neuronaler Verbindungen durch Wiederholung und emotionale Beteiligung. Was zunächst bewusste Anstrengung erfordert, wird mit der Zeit mühelos. Das ist die Wissenschaft dauerhafter Veränderung: Transformation, die Bestand hat, weil sie in Ihre Biologie eingebaut wurde.

Jedes neue Denkmuster, jede Atemübung und jede Achtsamkeitspraxis, die Sie bisher angewendet haben, hat die physische Struktur Ihres Gehirns verändert. Je öfter Sie diese gesunden Verhaltensweisen wiederholen, desto stärker und effizienter werden Ihre neuronalen Bahnen. **Synapsen** – die Verbindungsstellen zwischen Nervenzellen – werden kräftiger, sodass Informationen schneller und leichter übertragen werden können. Gleichzeitig werden ungenutzte neuronale Verbindungen schwächer und verschwinden schließlich.

Dieser Prozess wird oft durch den Satz des Neurowissenschaftlers **Donald Hebb** zusammengefasst: „Neuronen, die zusammen feuern, verbinden sich miteinander." Genau deshalb ist Beständigkeit die Grundlage dauerhafter Heilung.

Der **präfrontale Kortex**, der für rationales Denken und Selbstregulation verantwortlich ist, wird durch Achtsamkeits- und Emotionsregulationsübungen aktiver und stärker vernetzt. Die **Amygdala**, die bei Angstzuständen zuvor überaktiv war, beginnt in Volumen und Empfindlichkeit abzunehmen. Der **Hippocampus**, der eine wichtige Rolle für Gedächtnis und emotionale Balance spielt, wächst in Größe und Funktion, wenn er regelmäßig mit Ruhe und Lernprozessen stimuliert wird. Diese strukturellen Veränderungen sind keine Theorie – sie wurden in Gehirnscans von Menschen beobachtet, die meditieren, Dankbarkeit praktizieren oder kognitive Verhaltenstherapie anwenden.

Um diese Veränderungen zu erhalten und zu vertiefen, ist tägliche Verstärkung entscheidend. Eine hilfreiche Strategie ist die **Drei-Säulen-Methode für langfristige mentale Neuverdrahtung**:

Beständigkeit der Praxis:

Wählen Sie ein oder zwei Kerngewohnheiten – etwa tägliche Achtsamkeit, Dankbarkeitstagebuch oder bewusstes Atmen – und führen Sie sie konsequent aus. Regelmäßigkeit ist wichtiger als Dauer. Selbst fünf Minuten täglich halten neuronale Bahnen aktiv und verhindern Rückschritte.

Emotionale Beteiligung:

Das Gehirn lernt schneller, wenn Emotionen beteiligt sind. Ob Dankbarkeit, Liebe oder Neugier – verbinden Sie Ihre Übungen mit Gefühl. Emotionen setzen Neurotransmitter wie Dopamin und Noradrenalin frei, die Lernprozesse auf zellulärer Ebene festigen.

Reflexion und Integration:

Beenden Sie jeden Tag mit einer kurzen Reflexion über Momente der Ruhe oder des Wachstums. Dieser Prozess aktiviert während des Schlafs die Gedächtniskonsolidierung und hilft dem Gehirn, diese Erfahrungen in stabile langfristige Muster zu integrieren.

Auch **Schlaf** bleibt entscheidend für die Gesundheit des Gehirns. Während der Tief- und REM-Schlafphasen reinigt sich das Gehirn von Stoffwechselabfällen und verarbeitet emotionale Erfahrungen. Chronischer Schlafmangel kann neuroplastische Fortschritte rückgängig machen und Angst sowie geistige Erschöpfung verstärken. Ausreichender Schlaf ist daher kein Luxus, sondern eine biologische Voraussetzung für langfristige emotionale Stabilität.

Auch Ihre **Umgebung und sensorische Eindrücke** beeinflussen, wie dauerhaft Heilung ist. Das Gehirn scannt ständig die Umgebung nach Signalen von Sicherheit oder Gefahr. Wenn Sie eine Umgebung schaffen, die Entspannung fördert – etwa durch natürliches Licht, ruhige Klänge, Pflanzen oder Ordnung – verstärken Sie Sicherheitssignale im Nervensystem. So wie Trauma durch wiederholten Stress ins Gehirn eingeprägt wird, prägt sich Ruhe durch wiederholte Erfahrungen von Frieden ein.

Der vielleicht wichtigste Faktor für langfristige Veränderung ist **sinnorientiertes Wachstum**. Sobald Ihr Gehirn gelernt hat, ohne ständige Angst zu leben, benötigt es neue Ziele, um vital zu bleiben. Sinn aktiviert Dopaminbahnen und verhindert emotionale Stagnation. Dies kann bedeuten, neue Fähigkeiten zu lernen, Beziehungen zu vertiefen, zu reisen oder anderen Menschen zu helfen. Wachstum erhält die Neuroplastizität – es hält den Geist flexibel, neugierig und lebendig.

Denken Sie daran: **Heilung verläuft nicht linear**. Es wird Momente geben, in denen alte Gedanken oder Gefühle wieder auftauchen. Das bedeutet nicht, dass Sie am Anfang stehen. Es bedeutet lediglich, dass Ihr Gehirn alte Muster mit neuen vergleicht und dadurch Ihre Stabilität stärkt. Jedes Mal, wenn Sie sich von einem Rückschlag erholen, vertiefen Sie Ihre innere Meisterschaft und bestätigen, dass Frieden Ihr neuer Normalzustand ist.

Dauerhafte Veränderung bedeutet nicht Perfektion – sie bedeutet Anpassungsfähigkeit. Ihr Gehirn ist darauf ausgelegt, sich weiterzuentwickeln, und mit Bewusstsein wird es seine Balance zwischen Gedanken, Emotionen und Körper ständig verfeinern. Das ultimative Ziel der Heilung besteht nicht darin, Schmerz zu vermeiden, sondern ihn mit Gelassenheit zu durchlaufen. Wenn Ihr Gehirn Frieden als Grundlage kennt, werden die Herausforderungen des Lebens zu Chancen für Wachstum statt zu Ursachen für Zusammenbruch.

Das ist die Wissenschaft – und die Kunst – langfristiger Heilung: ein lebendiger Prozess, in dem Geist, Körper und inneres Bewusstsein zusammenarbeiten, um Freiheit, Balance und Freude über viele Jahre hinweg zu erhalten.

Dauerhafte Veränderung für Leo

Es waren drei Jahre vergangen, seit Leo seine Reise der Heilung begonnen hatte. Wenn er an den Mann zurückdachte, der er früher gewesen war – rastlos, schlaflos und von Sorgen erfüllt – fühlte es sich fast so an, als erinnere er sich an eine andere Person. Natürlich gab es noch Herausforderungen. Es gab stressige Arbeitstage, Momente des Zweifels und gelegentliche Wellen der Angst. Doch diese Wellen gingen jetzt schnell vorbei. Sein Gehirn klammerte sich nicht mehr an Chaos – es kehrte ganz natürlich zur Ruhe zurück.

Eines Morgens saß Leo mit einer Tasse Kaffee auf seiner Veranda und beobachtete den Sonnenaufgang. Dabei dachte er darüber nach, wie sehr ihn seine Gewohnheiten verändert hatten. Was einst als kleine, unsichere Versuche begann – fünf Minuten Meditation, nächtliche Dankbarkeitslisten, langsames Atmen bei Angst – war zu einem Teil seiner Identität geworden. Er brauchte keine Erinnerungen mehr; sein Körper verlangte nach Frieden, so wie er früher nach Adrenalin verlangt hatte.

Bei der Arbeit fragten Kollegen ihn oft, wie er unter Druck so gelassen bleiben konnte. Leo lächelte dann und sagte:
„Es ist nicht so, dass ich keinen Stress fühle – ich erhole mich nur schneller.“

Er wusste, dass seine Widerstandskraft aus der stillen Stärke entstand, die sich über die Zeit aufgebaut hatte. Jeder Moment, in dem er sich für Atmen statt Reagieren entschieden hatte, hatte etwas in seinem Gehirn neu verdrahtet.

Eines Nachmittags fand er sein altes Tagebuch – das, das er während seiner dunkelsten Zeit geführt hatte. Die ersten Seiten waren voller Angst und Verwirrung. Doch je weiter er blätterte, desto deutlicher erkannte er die Veränderung. Die Handschrift wurde ruhiger. Die Worte wurden hoffnungsvoller.
„Ich lerne wieder, mir selbst zu vertrauen", hatte er nach einem Jahr geschrieben.

Jetzt, drei Jahre später, lächelte er und flüsterte:
„Du hast es geschafft."

Am Abend machte Leo einen Spaziergang durch den Park in seiner Nachbarschaft. Die Luft roch nach Regen, und alles fühlte sich still an. Er dachte an die wissenschaftlichen Erkenntnisse, die ihn während seiner Heilung begleitet hatten – die Fähigkeit des Gehirns, sich selbst zu erneuern, die Kraft der Wiederholung, die Schönheit der Neuroplastizität. Es faszinierte ihn, dass etwas so Einfaches wie Beständigkeit einen Geist vollständig verändern konnte.

Während er ging, erinnerte er sich auch an die Rückschläge – die Tage, an denen er dachte, alle Fortschritte verloren zu haben, und die Nächte, in denen die Angst unerwartet zurückkehrte. Doch gerade diese Momente hatten ihm etwas Entscheidendes beigebracht: Heilung bedeutet nicht, Schmerz zu vermeiden, sondern immer wieder den Weg zurück zum Frieden zu finden. Jedes Mal, wenn er gefallen war und wieder aufstand, hatte sein Gehirn Ausdauer gelernt.

Später zu Hause setzte sich Leo still zur Meditation. Sein Atem war ruhig und gleichmäßig, sein Geist klar. Als ein Gedanke an die Herausforderungen des nächsten Tages auftauchte, beobachtete er ihn einfach – und ließ ihn weiterziehen. Das war der Unterschied zu früher. Er kämpfte nicht mehr gegen seinen Geist; er führte ihn. Die Stille war nicht erzwungen – sie war verdient.

Als er die Augen öffnete, betrachtete er sein Zuhause. Das sanfte Licht, die Pflanzen am Fenster, die ruhige Atmosphäre – alles spiegelte seine innere Welt wider. Seine Umgebung war zu einer Verlängerung seines Geistes geworden: ruhig, ausgeglichen, lebendig.

Bevor er schlafen ging, schrieb er einen letzten Satz in sein Tagebuch:

„Heilung endet nicht. Sie vertieft sich. Mein Gehirn flieht nicht mehr vor Schmerz – es lernt von ihm. Mein Frieden ist nicht zerbrechlich. Er ist das Stärkste, was ich habe."

Er schloss das Notizbuch, löschte das Licht und lächelte. Der Mann, der einst glaubte, zerbrochen zu sein, kannte nun die

Wahrheit: Er war nie zerbrochen gewesen. Er hatte nur lernen müssen, wieder zu wachsen.

Und als er einschlief, ruhten Geist und Körper in vollkommenem Gleichgewicht – der Beweis dafür, dass langfristige Heilung kein Wunder ist, sondern ein Meisterwerk, das aus täglichen Momenten von Bewusstsein, Resilienz und Liebe entsteht.

Epilog: Das geheilte Gehirn, das erwachte Leben

In jeder Heilungsreise kommt ein Moment, in dem man erkennt, dass das Ziel nie einfach darin bestand, den Schmerz zu beenden – sondern darin, wiederzuentdecken, wer man wirklich unter diesem Schmerz ist. Das menschliche Gehirn ist mehr als ein Organ für Gedanken und Erinnerungen; es ist eine lebendige Brücke zwischen Biologie und Bewusstsein, ein Gefäß für Transformation, die weit über das hinausgeht, was die meisten Menschen für möglich halten. Mit jeder Übung, jedem Atemzug und jedem Akt des Mutes, den Sie auf dieser Reise vollbracht haben, haben Sie weit mehr getan, als nur Symptome zu bewältigen – Sie haben Ihre Existenz neu verdrahtet und auf Ganzheit ausgerichtet.

Die Heilung von Angst und Depression bedeutet nicht, jemand Neues zu werden; sie bedeutet, zu dem natürlichen Zustand des Gleichgewichts zurückzukehren, für den das Gehirn geschaffen wurde. Wenn sich der Nebel langsam lichtet, beginnen Sie, das Leben anders wahrzunehmen. Farben wirken heller, Geräusche tiefer, und selbst gewöhnliche Momente – wie Sonnenlicht, das durch Bäume fällt, oder der Rhythmus Ihres eigenen Herzschlags – erscheinen plötzlich außergewöhnlich. Was früher Panik ausgelöst hat, zieht nun wie eine Welle durch Sie hindurch und hinterlässt Stille. Was einst unmöglich schien – Ruhe, Selbstvertrauen, Selbstliebe – fühlt sich nun vertraut an, fast mühelos. Das ist keine Magie; es ist **Neuroplastizität in Bewegung**.

Mit der Zeit erkennen Sie, dass der Heilungsprozess über das Gehirn hinausgewachsen ist. Der ganze Körper, der einst angespannt und wachsam war, beginnt sich zu entspannen. Das Herz schlägt gleichmäßig, ohne gegen imaginäre Bedrohungen anzukämpfen. Der Atem fließt frei und versorgt jede Zelle mit Klarheit und Leben. Das Nervensystem, das einst im permanenten Alarmzustand lebte, beginnt wieder Vertrauen in die Welt zu entwickeln. Selbst das Immunsystem profitiert von dieser inneren Ruhe – wissenschaftliche Studien zeigen, dass ein ruhiger Geist einen gesünderen Körper fördert. Sie regenerieren sich buchstäblich von innen nach außen.

Doch dauerhafte Heilung offenbart auch etwas Tieferes – etwas beinahe Spirituelles, selbst wenn man dieses Wort nicht benutzt. Sie beginnen zu erkennen, dass Ihre Gedanken nicht das sind, was Sie ausmacht; sie sind Wellen im Ozean Ihres Bewusstseins. Hinter jeder Emotion und jeder Erinnerung liegt ein stilles Zentrum, ein Beobachter, der niemals verletzt wurde, niemals zerbrochen ist und niemals repariert werden musste. In diesem Bewusstsein liegt wahre Heilung. Je stärker

Sie sich damit verbinden, desto mehr folgt Ihr Geist dieser inneren Klarheit. Angst verliert ihre Macht, sobald Sie erkennen, dass Sie derjenige sind, der sie beobachtet – nicht derjenige, der von ihr kontrolliert wird.

Ein neu verdrahtetes Gehirn bedeutet nicht ein Leben ohne Herausforderungen. Das Leben bringt weiterhin Verlust, Unsicherheit und Veränderung. Der Unterschied liegt darin, wie Sie ihnen begegnen. Der Geist, der früher panisch reagierte, hält nun inne. Das Herz, das sich einst verschloss, bleibt offen. Sie begegnen dem Unbekannten mit einer stillen Stärke, die nicht aus Vermeidung entsteht, sondern aus Vertrauen. Sie kämpfen nicht länger gegen Ihre Emotionen – Sie hören ihnen zu, lernen von ihnen und lassen sie durch sich hindurchziehen. Das ist **emotionale Reife**, geboren aus neuronaler Reife. Je häufiger Sie sie praktizieren, desto stabiler wird Ihr innerer Frieden.

Mit der Zeit wird Ihre Heilung ansteckend. Menschen um Sie herum bemerken Ihre Ruhe, noch bevor Sie ein Wort sagen. Ihre Energie verändert die Atmosphäre eines Raumes. Sie werden zu einem stillen Anker für andere, die noch in ihren eigenen Stürmen gefangen sind. Ohne es bewusst zu versuchen, zeigen Sie, was möglich ist: dass Frieden keine Schwäche ist, dass Ruhe keine Gleichgültigkeit bedeutet und dass Heilung nicht nur wenigen Glücklichen vorbehalten ist –

sie steht jedem offen, der bereit ist, die innere Arbeit zu leisten. Sie verkörpern die Wahrheit, dass mentale Gesundheit kein statischer Zustand ist, sondern eine tägliche Praxis aus Bewusstsein, Mitgefühl und Verbindung.

Und dann geschieht etwas Schönes. Die Erfahrungen, die Ihnen einst Schmerz bereiteten, verwandeln sich in Weisheit. Ihre Angst wird zu Intuition, geschärft durch Empathie. Ihre Depression wird zu Tiefe – einer Fähigkeit, andere zu verstehen und zu trösten. Die Narben, die Sie einst als Makel empfanden, werden zu Symbolen der Stärke, zu Beweisen dafür, dass das Gehirn sich selbst neu aufbauen kann und dass der menschliche Geist nach Zusammenbrüchen wieder wachsen kann. Sie verstecken diese Narben nicht mehr – Sie ehren sie, weil sie Sie daran erinnern, wie widerstandsfähig Sie wirklich sind.

Mit einem geheilten Gehirn zu leben bedeutet nicht, dem Glück hinterherzujagen; es bedeutet, **Präsenz zu kultivieren**. Sie hören auf, das Leben kontrollieren zu wollen, und beginnen, ihm zu vertrauen. Sie lernen, dass Freude nicht in der Abwesenheit von Schwierigkeiten liegt, sondern in der Fähigkeit, ihnen zu begegnen, ohne sich selbst zu verlieren. Dankbarkeit wird zu Ihrer natürlichen Perspektive. Statt zu fragen: „Warum passiert mir das?“, fragen Sie: „Was kann ich daraus lernen?“ Jede Herausforderung wird zu einem Lehrer, jede Emotion zu einem Wegweiser. Das Gehirn, einst Quelle des Leidens, wird zum Instrument des Erwachens.

Und während Sie Ihren Weg weitergehen, spüren Sie eine tiefere Verbindung zu allem – zu Menschen, zur Natur, zum Leben selbst. Sie verstehen nun, dass Ihre Heilung nie nur für Sie selbst gedacht war – sie wirkt auf jeden Menschen, dem Sie begegnen, auf jeden, der Ihren Frieden wahrnimmt. Wenn ein Mensch heilt, breitet sich diese Heilung aus. So wie Neuronen miteinander verbunden sind und kommunizieren, beeinflussen auch Menschen die Nervensysteme voneinander. Ihre Ruhe wird zu Medizin für andere; Ihr Licht hilft ihnen, ihren eigenen Weg zu erkennen.

Wenn es eine Wahrheit gibt, die Sie aus dieser Reise mitnehmen sollten, dann diese: **Sie waren nie zerbrochen – Sie waren nur getrennt.** Heilung ist Wiederverbindung: mit Ihrem Atem, Ihrem Körper, Ihren Emotionen, Ihrer Wahrheit und Ihrem Sinn. Jedes Kapitel dieses Buches hat Sie dabei unterstützt, diese Verbindung zu stärken. Die Praktiken, die Sie gelernt haben, sind keine kurzfristigen Lösungen, sondern lebenslange Begleiter – Werkzeuge, zu denen Sie jederzeit zurückkehren können, wenn das Leben wieder schwer erscheint. Sie sind das Gerüst, auf dem Ihr innerer Frieden stabil steht.

Wenn Sie dieses Kapitel schließen, nehmen Sie sich einen Moment Zeit, um den Mut zu würdigen, der Sie hierher geführt hat. Sie haben sich Ihrem eigenen Geist gestellt, sind durch Angst gegangen und haben die Sprache Ihres Gehirns gelernt. Sie haben Schmerz in Verständnis verwandelt und Verwirrung in Klarheit. Sie haben nicht nur neuronale Verbindungen verändert, sondern auch Ihre Beziehung zu sich selbst. Das ist kein kleiner Sieg – es ist eine der größten Transformationen, die ein Mensch erleben kann.

Die Reise geht weiter. Jeder Atemzug, jeder Gedanke, jede Entscheidung ist eine neue Gelegenheit, Frieden zu stärken. Lassen Sie sich daran erinnern: Ihr Gehirn ist nicht Ihr Feind; es ist Ihr **Garten**. Was Sie nähren, wird wachsen. Nähren Sie Bewusstsein. Nähren Sie Dankbarkeit. Nähren Sie Liebe. Dadurch stellen Sie sicher, dass Ihre Heilung nicht nur bestehen bleibt – sie wird wachsen.

Denn ein geheiltes Gehirn ist nicht nur ein ruhiges Gehirn – es ist ein **erwachtes Gehirn**. Es erkennt Schönheit in der Einfachheit, Sinn im Schmerz und Hoffnung in jedem neuen Anfang. Es weiß, dass Frieden nichts ist, das man findet – sondern etwas, das man Moment für Moment in sich selbst erschafft.

Und jetzt, nach all der Neuverdrahtung, Reflexion und Resilienz, wissen Sie endlich, wie.

Sie haben nicht nur Ihr Gehirn geheilt.
Sie haben Ihr Leben geheilt.